ANKERKRAUT
GESCHMACKSMANUFAKTUR

DAS

ORIENTALISCHE
KOCH
BUCH

ALI GÜNGÖRMÜŞ ZU
GAST BEI FREUNDEN

WIR WIDMEN DIESES
BUCH ALL UNSEREN LIEBEN KOLLEGEN,
KUNDEN UND FREUNDEN. IHR MACHT DIE
ANKERKRAUT-WELT BUNTER, INTERNATIONALER,
OFFENER UND HERZLICHER.
DANKE!

INHALT

SCHAU IN DIE SONNE, SCHAU IN DEN TAG.

———

So lautet die wörtliche Übersetzung meines türkischen Familiennamens Güngörmüş. Diese positive Philosophie möchte ich an jedem Tag in mein Denken und Handeln – und somit schließlich auch in meine Küche – einfließen lassen.

Eine ganz besondere Energie entsteht nach meinem Empfinden, wenn der Charakter einfacher Grundprodukte auf eine kreative Art herausgearbeitet wird und völlig neue Seiten altbekannter Rezepturen erleben lässt. Ergänzt durch exotische Zutaten, ergibt sich eine von mediterran bis orientalisch anmutende Liaison, mit der nicht nur die Gäste in meinen eigenen Restaurants verzaubert werden, sondern auch jene bei dir zu Hause!

In der Ankerkraut Geschmacksmanufaktur sehe ich eben diese Liebe zu hochwertigen Aromen und dieselbe Faszination, die von der Vielfältigkeit der Gewürzwelt ausgeht. Und so freue ich mich, zusammen mit einem solchen Partner nach meinen eigenen Gewürzkompositionen nun auch dieses Kochbuch verwirklicht haben zu können. Der gemeinsame hohe Anspruch an Qualität und Transparenz bündelt sich in den Korkengläschen und schließlich hier auf diesen Seiten. Mit dem BIO-Siegel bringen wir unser Versprechen zur Nachhaltigkeit auf den Punkt und versichern dir ein authentisches, hochwertiges Genusserlebnis beim Nachkochen und Experimentieren.

Diese Sammlung an Rezepten, Tipps und spannenden Fakten rund um die Kulinarik des Morgenlandes soll dir als Tor in die so vielfältige und von mir geliebte orientalische Küche dienen. Tritt ein und entdecke zusammen mit Ankerkraut und mir die ganze Bandbreite der Aromen, Düfte und Geschmäcker, die diese vielfältige Esskultur zu bieten hat.

Mit dem türkischen „İyi eğlenceler!" wünsche ich dir nun viel Spaß mit meinem persönlichen Stück Heimatküche für deine eigenen vier Wände.

Ali Güngörmüş
Sterne- und TV-Koch

ANKERKRAUT
UPDATE

—IN ALLER MUNDE—

IN ÜBER 20% DER HAUSHALTE DEUTSCHLANDS IST ANKERKRAUT DURCHSCHNITTLICH JETZT SCHON VERTRETEN.

BIO? LOGISCH!

DIE ANKERKRAUT BIO RANGE: 12 TOLLE GEWÜRZE UND GEWÜRZMISCHUNGEN, 5 SAUCEN UND AUCH ALLE GEWÜRZE VON ALI SIND KOMPLETT BIO ZERTIFIZIERT – UND NOCH VIELE MEHR SOLLEN FOLGEN!

JANUAR 2021

Ankerkraut wird „bester Arbeitgeber Hamburgs" – Wir freuen uns sehr!

APRIL 2021

Ankerkraut baut zusammen mit Partnern ein Schulzentrum für Kinder in Malawi

JUNI 2021

Launch der gemeinsamen Gewürzlinie von Ankerkraut und Starkoch Ali Güngörmüs

DAS AM MEISTEN VERKAUFTE PRODUKT IST NACH WIE VOR UNSER BBQ-RUB-KLASSIKER MAGIC DUST.

9OO PRODUKTE

Mittlerweile haben wir schon mehr als 900 Produkte in unserem Ankerkraut Sortiment – und auch dieses Jahr kamen wieder spannende Varianten dazu! Unter anderem: Pink Curry, Annes Liebling, Salatdressing nordisch, Gipfelstürmer, Asia Kokos Curry, Bruschetta Greek Style, Tomate-Basilikum, Infinitee, Coleslaw Gewürz und Australian Pink River Salt.

REFILL, PLEASE!

ANKERKRAUT PRODUKTE JETZT AUCH IN UNVER-PACKT LÄDEN, DORT KÖNNEN ANKERKRAUT GLÄSCHEN WIEDER BEFÜLLT WERDEN – TOLL!

2OO KÖPFE

Die „Anker Crowd" wächst weiter stark: Jetzt hat sie schon ca. 200 tolle Mitarbeiter!

AUGUST 2021

Ankerkraut launcht insgesamt sechs Adventskalender für eine „geschmackvolle" Vorweihnachtszeit

SEPTEMBER 2021

September: Anne & Stefan kehren zu DHDL zurück und werden „Gastlöwen"

OKTOBER 2021

Oktober: Das Orientalische Kochbuch von Ali, Anne & Stefan erscheint!

ALI GÜNGÖRMÜŞ

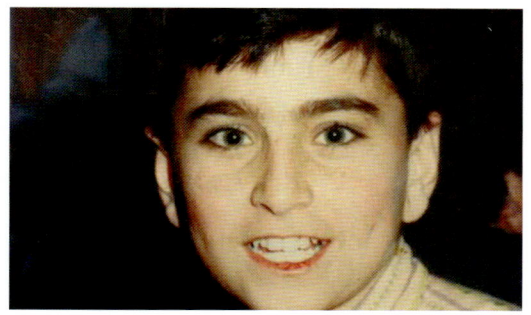

Geboren und aufgewachsen auf einem Bauernhof in Ostanatolien, hatte Ali eine Kindheit, die alles andere als langweilig war. Mit seinen sechs Geschwistern hielt er seine Mutter auf Trab, als der Vater nach München ging, um dort zu arbeiten. Dort fand er einen Job als Schweißer und holte die Familie nach, als Ali zehn Jahre alt war.

Dass Ali später einmal Sternekoch wird und die Massen mit seiner lustigen und aufgeschlossenen Art begeistert, hätte zu dem Zeitpunkt keiner gedacht. Es mag Zufall oder Schicksal sein, dass Ali eine Ausbildung in einem Wirtshaus machte, denn unter den zahlreichen und vielfältigen Bewerbungen entschied er sich für die Lehre zum Koch. Seine Entscheidung stieß innerhalb der Familie zunächst auf Unverständnis: Welcher Mann steht denn freiwillig in der Küche? Doch Ali bewies enormes Durchhaltevermögen und besondere Freude und Talent am Kochen, sodass er die Ausbildung mit Bestnoten abschloss und somit der Weg zum Sternekoch geebnet war. Er bekam die Chance als Jungkoch im „Glockenbach" zu arbeiten, dem Restaurant von Sternekoch Karl Ederer, in dem er sich behauptete.

Ali Güngörmüs ist einer der bekanntesten und beliebtesten TV-Köche des Landes und seit 2006 zählt er einen Michelin Stern zu seinen beruflichen Meilensteinen. Ob als Coach bei „Grill den Henssler", als Juror in der Küchenschlacht, oder als Koch im Sat.1 Frühstücksfernsehen: egal wo Ali auftaucht, es ist für gute Stimmung und ausgezeichnetes Essen gesorgt. Seit 2019 präsentiert er „Koch's anders" im Hessischen Rundfunk, sowie „Grillen mit Ali und Adnan" im Bayerischen Rundfunk. Einschalten lohnt sich!

ALIS KÜCHE

Mit 29 Jahren eröffnete Ali in Hamburg das Restaurant „Le Canard Nouveau", in dem er orientalische und mediterrane Gerichte servierte. Ein Jahr später wurde er als erster und bisher einzigy türkischer Koch mit einem Michelin-Stern geehrt. Im Jahr 2014 gründete er sein zweites Restaurant in München. Dort kocht Ali mit mediterranen und orientalischen Einflüssen, die eine Hommage an sein Heimatdorf „Pageou" sind: es ist der Name seines Restaurants und dazu einer eigenen Gewürzkreation, die er mit Ankerkraut entwickelt hat. Mit „Pageou" möchte Ali allen Menschen den Zugang zu seinen fein abgeschmeckten und klug durchdachten Kreationen gewähren.

ALIS EDITION

ORIENTALISCHE VIELFALT IM KORKENGLAS. MIT DEN FÜNF BIO GEWÜRZKREATIONEN VON ALI GÜNGÖRMÜŞ GIBT ES DIE AROMEN VORDER- UND MITTELASIENS NUN AUCH FÜR ZU HAUSE.

DIE AROMATISCHEN KREATIONEN VERFEINERN VON FLEISCH, FISCH UND KRUSTENTIEREN BIS HIN ZU SAUCEN, DIPS UND GEMÜSE DIE VERSCHIEDENSTEN GERICHTE UND SORGEN FÜR EIN BUNTES ALLERLEI AUF DER ZUNGE. WIE EIN FLIEGENDER TEPPICH ENTFÜHREN DICH ALIS GEWÜRZMISCHUNGEN PAGEOU, LEVANTE, VADOUVAN, KEBAB UND OSMANISCHER ZAUBER AUF EINE MÄRCHENHAFTE REISE DURCH DIE KULINARIK DES ORIENTS.

SPRING AUF UND GENIESSE DEN AUSFLUG!

VADOUVAN

Zwiebeln, Knoblauch, Kreuzkümmel und Fenchelsaat trocknen tagelang in der warmen Sonne, bevor sie mit Salz & Öl verfeinert und anschließend durch die natürliche Fermentation veredelt werden. Hört sich das nicht einfach herrlich an? Mit dem deftig-rauchigen Aroma der grob gemahlenen Kräuter und Gewürze in Vadouvan lassen sich die unterschiedlichsten Speisen veredeln, von Reis über Bulgur bis Joghurt und Lammfleisch.

KEBAB

Diese BIO Gewürzmischung lässt dich den Genuss eines authentischen, selbstgemachten Kebabs in den eigenen vier Wänden erleben. Für das beliebte Fleischgericht der nahöstlichen Küche empfiehlt der Profi eine Mixtur aus hochwertigen Kräutern, etwas Meersalz, aromatischer Paprika, Cayennepfeffer für die leichte Schärfe und anderen Aromabringern. Minze und Zimt sorgen für den gewissen, letzten Touch.

OSMANISCHER ZAUBER

Mit einem ganzen Bündel aromatischer Kräuter ist der Osmanische Zauber die perfekte Würze für Huhn, Gemüse, Humus sowie Falafel. Bestehend aus Fenchel, Thymian, Koriander, Kreuzkümmel und ihresgleichen macht diese Rezeptur Lust auf mehr. Schnell und einfach zubereitet erlebst du mit ihr kulinarische Abenteuer für den feinen Gaumen – einen echten Osmanischen Zauber eben!

PAGEOU

Der Fernsehkoch hat neben seinem eigenen Restaurant auch diese Gewürzmischung nach seiner türkischen Heimatstadt benannt: Pageou. Kreuzkümmel, Koriandersaat, Bockshornklee und andere würzende Komponenten sorgen für orientalische Nuancen an selbstgemachten Gerichten. Besonders gut kommt diese Rezeptur in Joghurt-Dips, Huhn, Hülsenfrüchten und Eintöpfen zur Geltung.

LEVANTE

Levante ist nicht nur eine Bezeichnung für die wunderschönen Länder des östlichen Mittelmeeres, sondern nun auch der Titel dieses köstlichen Gewürz-Mixes mit Morgenland-Feeling. Geschmacksintensive BIO Zutaten wie Meersalz, gerösteter Knoblauch und süße Tomatenchips kitzeln das Beste aus einfachen Gerichten mit Fisch, Krustentieren oder mediterranem Gemüse heraus.

„EMEK OLMADAN YEMEK OLMAZ.

OHNE FLEISS GIBT ES NICHTS ZU ESSEN."

An dieses türkische Sprichwort
aus seiner Kindheit kann sich
Ali heute noch gut erinnern.

Kategorie

MEZZE, SUPPE & BROT

MEZZE

MEZZE – EINE BESONDERE ART DES SERVIERENS. VERGLEICHBAR MIT DEN SPANISCHEN TAPAS HANDELT ES SICH BEI „MEZE" ODER „MEZZE" UM EINE AUSWAHL AN UNTERSCHIEDLICHEN SPEISEN, DIE MEIST ALS VORSPEISENVARIATION DIENEN. AUF GRUND IHRER VIELSEITIGKEIT LASSEN SIE SICH ABER AUCH WUNDERBAR ALS AUSGEDEHNTER HAUPTGANG SERVIEREN. MEZZE BESTEHEN MEIST AUS DIPS, CREMES, KLEINEN SALATEN, EINGELEGTEN KÖSTLICHKEITEN WIE GEMÜSE UND FLEISCH, GEBRATENEN MEERESFRÜCHTEN UND ANDEREN HÄPPCHEN. BEI SO EINEM ÜBERWIEGEND KALTEN BUFFET IST FÜR JEDEN GESCHMACK ETWAS PASSENDES DABEI, SODASS ES SICH HERVORRAGEND FÜR GÄSTE UND FEIERLICHKEITEN EIGNET. DURCH DAS SERVIEREN DER VERSCHIEDENEN ZUBEREITUNGEN AUF KLEINEN, HÜBSCHEN TELLERN UND SCHÜSSELCHEN, DIE QUER ÜBER DEN TISCH VERTEILT WERDEN UND ZUM ZUGREIFEN VERLOCKEN, ZEICHNEN SICH DIE ORIENTALISCHEN MEZZE AUS.

MARINIERTE OLIVEN

Mit der Steinfrucht Olive lässt sich in der Küche so einiges anstellen! Das Einlegen in eine aromatische Marinade aus Öl und pikanten Gewürzen ist eine der beliebtesten Varianten in Mittel- und Vorderasien. Schnell gemacht und so köstlich im Geschmack!

BABA GANOUSH

Bei Baba Ganoush handelt es sich um ein feines Püree aus Sesampaste, Auberginen, Öl und Würzmitteln wie Koriander oder Minze. Dieser köstliche Dip schmeckt ausgezeichnet zu Falafel und Pita-Broten, aber auch zu Fleisch und Fisch.

GEFÜLLTE APRIKOSEN

Süße Aprikosen können viel mehr, als einfach nur im klassischen Obstsalat zu landen! Zusammen mit kulinarischen Komponenten wie Berglinsen, Schafskäse und Fenchel ergibt sich eine kreative Leckerei für Zwischendurch oder Vorweg.

HUMMUS

Als klassisch orientalische Spezialität dient der aus pürierten Kichererbsen hergestellte Hummus zum Dippen und Genießen. In purer Form oder verfeinert durch etwa spritzige Zitrone oder herzhafte Gewürze darf er bei keinem Morgenland-Menü fehlen!

—TIPP—

Das Püree eignet sich als Dip für rohes oder gegartes Gemüse und passt gut zu Fladenbrot.

BABA GANOUSH

15 MIN.   4 PORTIONEN

ZUTATEN

2 GROSSE AUBERGINEN (670 G)

1 – 2 KNOBLAUCHZEHEN

2 – 3 EL TAHIN (SESAMPASTE)

4 – 5 EL OLIVENÖL

ANKERKRAUT KREUZKÜMMEL

ANKERKRAUT MEERSALZ, FEIN

ANKERKRAUT GROBER SCHWARZER PFEFFER

½ BUND GLATTE PETERSILIE

50 G SCHWARZE ENTSTEINTE OLIVEN (IN LAKE)

1 – 2 TL ZITRONENSAFT

1. Die Auberginen abspülen und mit einer Gabel rundherum mehrfach einstechen. Den Backofengrill vorheizen. Die Auberginen in eine Auflaufform legen und unter dem Backofengrill etwa 40 Minuten grillen, bis sie weich sind. Die Auberginen zwischendurch immer wieder wenden. Die heißen Auberginen unter eine umgedrehte Schüssel legen, damit sich die Haut löst und später abziehen lässt.

2. Den Knoblauch schälen und hacken. Die Haut der Auberginen abziehen. Die Auberginen leicht ausdrücken und klein schneiden. Auberginenstücke zusammen mit 2 Esslöffel Tahin, 2 Esslöffel Olivenöl und dem Knoblauch fein pürieren. Kreuzkümmel im Mörser zerstoßen. Das Püree mit Kreuzkümmel, Salz und Pfeffer würzen.

3. Die Petersilie waschen, trocken schütteln, die Blätter abzupfen und einige zum Garnieren beiseite legen. Restliche Petersilienblätter hacken. Oliven abtropfen lassen und in Ringe schneiden. Gehackte Petersilie unter das Püree rühren und mit Salz, restlichem Tahin und Zitronensaft abschmecken. Das Püree mit Oliven und restlichem Olivenöl anrichten.

— TIPP —

*Die Okraschoten mit
Zitronenscheiben und
Pidebrot servieren.*

SÜSS-SAURE OKRASCHOTEN

 30 MIN.   4 PORTIONEN

ZUTATEN

400 G KLEINE, TIEFGEKÜHLTE OKRASCHOTEN (ERHÄLTLICH
IM TÜRKISCHEN LEBENSMITTELHANDEL)
1 ZWIEBEL (30 G)
1 ROTE UND 1 GELBE PEPERONI
4 DATTELN (ENTSTEINT)
2 BIO ZITRONEN
1 TL ANKERKRAUT KORIANDER SAAT
½ TL ANKERKRAUT FENCHEL
4 EL OLIVENÖL
1 – 2 EL ROHRZUCKER
ANKERKRAUT MEERSALZ, FEIN

1. Die Okraschoten in einem Sieb antauen lassen. Inzwischen die Zwiebel schälen und in sehr kleine Würfel schneiden. Peperoni putzen, der Länge nach halbieren, entkernen, abspülen und die Hälften in sehr kleine Würfel schneiden. Die Datteln hacken. Die Zitronen heiß waschen und trocken tupfen. Von einer Zitrone ein Drittel der Schale mit einem Sparschäler dünn schälen und in sehr kleine Würfel schneiden. Beide Zitronen halbieren und auspressen. Koriander und Fenchel im Mörser leicht zerdrücken.

2. Zwei Esslöffel Öl in einer großen Pfanne erhitzen. Die Okraschoten darin etwa 6 Minuten bei mittlerer Hitze braten, zwischendurch immer wieder vorsichtig wenden. Die Schoten auf einen Teller geben.

3. Die Zwiebelwürfel im restlichen Öl bei mittlerer Hitze 2 Minuten anbraten. Peperoniwürfel und zerstoßene Gewürze dazugeben und weitere 2 Minuten braten. Zucker in die Pfanne streuen, schmelzen lassen und mit 6 Esslöffel Zitronensaft ablöschen. Zitronenschale und gehackte Datteln unterrühren und die Pfanne vom Herd nehmen. Die Okraschoten in der Pfanne schwenken und mit Salz würzen. Das Ganze 15 Minuten ziehen lassen.

4. Die Okraschoten mit Salz und Zitronensaft abschmecken und warm oder kalt servieren.

—TIPP—

Das Hummus kann gut 1 – 2 Tage im Voraus zubereitet werden. Es eignet sich auch als Dip zu Grillgemüse oder als Snack mit Fladenbrot (s. Seite 39). Hummus mit Petersilien- oder Korianderblättern oder Granatapfelkernen garnieren.

ANKERKRAUT
GESCHMACKSMANUFAKTUR
Humus-Gewürz
FÜR DEINEN KICHERERBSEN-D

HUMMUS

HUMMUS, KLASSISCH

 15 MIN. 4 PORTIONEN

ZUTATEN

1 DOSE KICHERERBSEN (480 G ABTROPFGEWICHT)
1 ZITRONE
1 ORANGE
5 EL OLIVENÖL
2 EL TAHIN
4 TL ANKERKRAUT HUMMUS GEWÜRZ
ANKERKRAUT MEERSALZ, FEIN
ETWA 1 TL ANKERKRAUT BIO PFEFFER SYMPHONIE

1. Die Kichererbsen in einem Sieb abtropfen lassen. Zitrone und Orange halbieren und auspressen.

2. Abgetropfte Kichererbsen, 4 Esslöffel Orangensaft, 1 – 2 Esslöffel Zitronensaft, 3 Esslöffel Olivenöl und Tahin in einen Mixer geben und fein pürieren. Mit Hummus Gewürz, Orangen- und Zitronensaft abschmecken. Das Hummus mit Pfeffer-Symphonie bestreuen und mit restlichem Olivenöl beträufeln.

ROTE BETE HUMMUS

 20 MIN. 4 PORTIONEN

ZUTATEN

3 – 4 ROTE BETE, 600 G
6 EL OLIVENÖL
2 TL ANKERKRAUT HUMMUS GEWÜRZ
1 BIO LIMETTE
2 – 3 EL TAHIN (SESAMPASTE)
ANKERKRAUT MEERSALZ, FEIN
ANKERKRAUT GROBER SCHWARZER PFEFFER
1 – 2 TL ANKERKRAUT MUSCOVADO

1. Den Backofen vorheizen, Ober-/ Unterhitze: 200 °C, Heißluft: 180 °C. Rote Bete gründlich waschen, abtropfen lassen und in 3 cm große Würfel schneiden. Die Bete Würfel in 1 Esslöffel Olivenöl und 1 Teelöffel Hummus Gewürz wenden und in die Auflaufform geben. Die Bete im vorgeheizten Backofen etwa 60 Minuten backen.

2. Die Limette heiß waschen, trocken tupfen und die Hälfte der Schale fein reiben. Die Limette halbieren und auspressen.

3. Die gegarten Rote Bete etwas abkühlen lassen. Anschließend mit Limettenschale, 2 Esslöffel Limettensaft , Tahin und 4 Esslöffel Olivenöl im Mixer pürieren. Mit Salz, Pfeffer, Limettensaft, Hummus Gewürz und Muscovado-Zucker abschmecken. Mit restlichem Öl beträufeln.

—TIPP—

*Dazu passt grüner Blattsalat
mit Walnusskernen. Für eine
Salatsauce etwas Zitronenöl
aus der Form mit Ayran, Salz
und Pfeffer verrühren.*

GEFÜLLTE APRIKOSEN

15 MIN.   4 PORTIONEN

ZUTATEN

16 GETROCKNETE APRIKOSEN (150 G)
50 G BERGLINSEN
½ TL ANKERKRAUT KREUZKÜMMEL
½ TL ANKERKRAUT FENCHEL
60 G SCHAFSKÄSE
1 SCHALOTTE
10 SCHWARZE OLIVEN (IN LAKE)
1 BIO ZITRONE
125 ML OLIVENÖL
ANKERKRAUT MEERSALZ, FEIN
ANKERKRAUT PAPRIKA, EDELSÜSS
1 TL ANKERKRAUT GETROCKNETER SCHNITTLAUCH

1. Die Aprikosen mit 250 ml lauwarmem Wasser bedecken. Linsen in einem Sieb abspülen und abtropfen lassen. Linsen, Kreuzkümmel und Fenchel in einen Topf geben, mit Wasser bedecken und aufkochen. Anschließend bei niedriger Hitze etwa 25 Minuten zugedeckt garen.

2. Schafskäse trocken tupfen und zerkrümeln. Die Schalotte schälen, halbieren und in kleine Würfel schneiden. Oliven abtropfen lassen, erst vom Stein schneiden dann in Streifen schneiden. Zitrone heiß waschen und trocken tupfen. Die Zitronenschale mit einem Sparschäler streifenweise, möglichst dünn, abschälen. Zitronenschale und 80 ml Öl und in eine flache Auflaufform geben.

3. Restliches Öl in einem Topf erhitzen, die Schalottenwürfel darin bei niedriger Hitze 5 Minuten zugedeckt dünsten. Linsen, Schafskäse und die Hälfte der Olivenstreifen unterheben. Das Linsengemüse mit Salz, Paprika und Schnittlauch würzen.

4. Den Backofen vorheizen, Ober-/ Unterhitze: 200 °C, Heißluft: 180 °C. Die Aprikosen waagerecht tief ein-jedoch nicht durchschneiden und mit Linsengemüse füllen. Die Aprikosen flach in das Zitronenöl legen, damit beschöpfen, in den vorgeheizten Backofen schieben und etwa 20 Minuten garen. Die Aprikosen flach in das Zitronenöl legen und damit beträufeln und den restlichen Oliven anrichten.

GEGRILLTE WASSER- MELONE

 30 MIN.   4 PORTIONEN

ZUTATEN

4 SCHEIBEN WASSERMELONE (JEWEILS CA. 1,5 CM DICK)

6 STRAUCHTOMATEN (250 G)

1 ZWEIG ROSMARIN

1 ZWEIG THYMIAN

1 KNOBLAUCHZEHE

5 EL OLIVENÖL

1 – 2 TL ANKERKRAUT ROHRZUCKER

ANKERKRAUT MEERSALZ, FEIN

ANKERKRAUT GROBER SCHWARZER PFEFFER

4 STÄNGEL MINZE

4 STÄNGEL DILL

4 STÄNGEL KORIANDER

1 EL ZITRONENSAFT

1 – 2 EL RAPSÖL

ANKERKRAUT FLEUR DE SEL, NATUR

ALIS PAGEOU GEWÜRZ

AUSSDERDEM

1 GRILLPFANNE

1. Die Melonenscheiben entkernen. Das Fruchtfleisch mit einem kleinen Messer aus der Schale schneiden. Die Tomaten kreuzweise einritzen mit kochendem Wasser übergießen. Mit einem spitzen Messer die Haut abziehen und den Stielansatz keilförmig herausschneiden. Die Tomaten vierteln, entkernen und in kleine Würfel schneiden. Rosmarin und Thymian waschen und trocken tupfen. Knoblauch mit einem Messer leicht andrücken.

2. 2 Esslöffel Olivenöl in einer Pfanne erhitzen. Zucker und Knoblauch dazugeben. Die Pfanne vom Herd nehmen. Rosmarin, Thymian und die Tomatenwürfel in die Pfanne geben und anschwitzen/ schmelzen. Mit Salz und Pfeffer abschmecken und zugedeckt warmhalten.

3. Für den Kräutersalat Minze, Dill und Koriander waschen, trocken schütteln und die Blätter oder kleinen Zweige von den Stielen zupfen. Die Kräuter mit restlichem Olivenöl, Zitronensaft, Salz und restlichem Zucker mischen und abschmecken.

4. Die Grillpfanne erhitzen und die Grillrippen mit Rapsöl bestreichen. Die Wassermelonenscheiben bei starker Hitze von beiden Seiten grillen, so dass ein Grillmuster entsteht.

5. Die Melonenscheiben auf Teller verteilen und mit etwas Fleur de Sel und Alis Pageou Gewürz bestreuen. Mit geschmelzten Tomaten und Minz-Koriander-Dill Salat garnieren.

ZU TISCH IM ORIENT

VOR DEM ESSEN

TISCHLEIN DECK DICH

In der arabischen Kultur ist eine Essenseinladung eine große Ehre für den Gast, die er zunächst ablehnen sollte. Wenn die Einladung erneut ausgesprochen wird, ist sie ernst gemeint und sollte dankend angenommen werden.

Als guter Gast kommt man pünktlich und zieht am Eingang die Schuhe aus. Die Gäste sitzen auf dem Boden, getrennt nach Geschlechtern und im Schneidersitz.

Vor dem Essen werden die Hände gewaschen, denn viele Speisen werden mit den Händen verzehrt. Eintöpfe, Suppen und Cremes werden mit einem Stück Brot aufgenommen, in einigen Fällen, wird aber auch Besteck gereicht.

In der Türkei wird zunächst ein Glas Tee gereicht, um den Gast zu empfangen.

Nicht wundern, wenn neben dem Teller nur Gabel und Löffel bereitliegen – ein Messer ist überflüssig, da die Gerichte bereits in mundgerechte Stücke zerteilt sind.

In der persischen Kultur werden die Vorspeisen und Hauptgerichte gleichzeitig auf einem großen Tischtuch, dem Sofreh, zusammengetragen und verzehrt. Eine Reihenfolge gibt es hier nicht, man isst nach Lust und Laune. Wichtig aber ist: Beim Essen sollten die Füße weder das Tischtuch noch andere Gäste berühren, wenn man nicht unhöflich erscheinen möchte.

In der Levante Küche hingegen wird auf das Tischtuch verzichtet und teils auch auf das Besteck. Das Flair ist authentisch, echt und entspannt und gerade die lockere Atmosphäre macht die Mezze-Kultur so besonders.

ANDERE LÄNDER, ANDERE SITTEN – NICHT NUR WAS AUF DEN TISCH KOMMT BESTIMMT EIN ECHT ORIENTALISCHES GENUSSERLEBNIS. AUCH WIE MAN SICH AM TISCH VERHÄLT UND WIE DIESER EINGEDECKT WIRD, SPIELT EINE WICHTIGE ROLLE. EINIGE ECKPFEILER DER ORIENTALISCHEN ESSKULTUR UNTERSCHEIDEN SICH MASSGEBLICH VON DEN EUROPÄISCHEN - ZUM BEISPIEL DIE AUSWAHL DES BESTECKS, MIT DEM MAN SPEIST. WIR ZEIGEN DIR, WIE DU DICH BEI EINEM GASTGEBER AUS DEM ORIENT RICHTIG VERHÄLTST UND AUCH BEI DEINEN EIGENEN GÄSTEN EINEN BLEIBENDEN EINDRUCK HINTERLÄSST.

TISCHMANIEREN

Das gemeinsame Essen hat einen hohen gesellschaftlichen Stellenwert im Orient, denn hier steht die Gemeinschaft, Kommunikation und die Gastfreundschaft im Vordergrund. Ein Abendessen kann mehrere Stunden dauern, man nimmt sich Zeit und macht während des Essens immer mal wieder Pausen.

Wer satt ist, sollte dies höflich, aber auch deutlich sagen, sonst ist die nächste Portion schon im Anflug. Wenn ein Gast den Tisch verlässt, warten die anderen Gäste auf seine Rückkehr und lassen in der Zeit das Besteck liegen.

Möchte man dem türkischen Koch sein Lob aussprechen, isst man viel und genussvoll.

NACH DEM ESSEN

In der arabischen Küche heißt es für Gäste: Langsam essen ist die Devise! Denn wenn der Gast satt ist, wird der Gastgeber aus Höflichkeit auch sein Besteck beiseitelegen und das Essen beenden.

Zum Abschluss wird Kaffee gereicht, der das Ende einläutet. Es mag verwirrend klingen, aber selbst wenn man zum Bleiben aufgefordert wird, ist dies nur eine reine Höflichkeit und Teil der Sitte.

OLIVEN EINLEGEN

15 MIN.   4 PORTIONEN

ZUTATEN

400 G OLIVEN (GRÜN UND SCHWARZ OLIVEN IN LAKE)

3 KNOBLAUCHZEHEN

1 BIO ZITRONE

3 EL ALIS LEVANTE GEWÜRZ

100 ML GUTES OLIVENÖL ZUM AUFGIESSEN.

1. Die Oliven in einem Sieb abtropfen lassen und in eine Schüssel geben. Knoblauch schälen und in Scheiben schneiden. Die Zitrone heiß abwaschen, trocken tupfen und in Scheiben schneiden. Knoblauch- und Zitronenscheiben zu den Oliven geben, vermengen und in vorbereitete Gläser füllen. Die Gläser verschließen. Die Oliven im Kühlschrank für 3 – 4 Tage durchziehen lassen und mit Levante Gewürz bestreuen.

GEWÜRZJOGHURT

5 MIN.   4 PORTIONEN

ZUTATEN

200 G TÜRKISCHER JOGHURT (10 % FETT)

50 ML OLIVENÖL

2 EL ALIS VADOUVAN GEWÜRZ

2 EL ZITRONENSAFT

ANKERKRAUT MEERSALZ, FEIN

ANKERKRAUT GROBER SCHWARZER PFEFFER

ANKERKRAUT ROHRZUCKER

1. Alle Zutaten in eine Schüssel geben und verrühren.

2. 1 Stunde zugedeckt durchziehen lassen. Vor dem Servieren mit Salz und Zucker abschmecken.

GRILLFLEISCH MARINIEREN

10 MIN.   4 PORTIONEN

ZUTATEN

4 STEAKS À 150 G

4 KNOBLAUCHZEHEN

100 ML OLIVENÖL

2 EL ALIS PAGEOUS GEWÜRZ

AUSSERDEM

1 GROSSER GEFRIERBEUTEL MIT ZIP VERSCHLUSS

1. Steaks mit Küchenpapier abtupfen und in den Gefrierbeutel legen. Knoblauch schälen und zerstoßen. Knoblauch, Öl und das Pageou Gewürz zu den Steaks in den Beutel geben. Die Luft herausdrücken und den Beutel verschließen. Fleisch und Marinade im Beutel kneten. Das Fleisch 3 Tage im geschlossenen Beutel im Kühlschrank ruhen lassen.

2. Das Grillfleisch etwa 30 Minuten vor der Zubereitung aus dem Kühlschrank nehmen und vor dem Grillen leicht abtupfen.

POGACA (BÖREK)

25 MIN.   12 STÜCK

ZUTATEN

FÜR DEN POGACATEIG

1 EI (GR. M)
320 G WEIZENMEHL UND MEHL ZUM BEARBEITEN
20 G ZUCKER
5 G ANKERKRAUT MEERSALZ, FEIN
20 G FRISCHE HEFE
80 G LAUWARME MILCH
55 G WARMES WASSER
75 G RAPSÖL
1 EL MILCH
1 EL GESCHÄLTER SESAM
1 EL SCHWARZKÜMMEL

FÜR DIE FÜLLUNG

1 SCHALOTTE
2 KNOBLAUCHZEHEN
1 EL OLIVENÖL
100 G RINDERHACKFLEISCH
1 EL TOMATENMARK
1 – 2 TL ALIS PAGEOU GEWÜRZ
1 – 2 STÄNGEL GLATTE PETERSILIE
1 – 2 STÄNGEL MINZE
ANKERKRAUT GROBER SCHWARZER PFEFFER
ANKERKRAUT ROHRZUCKER

1. Für den den Pogacateig Eigelb und Eiweiß trennen. Mehl, Zucker und Salz in einer Schüssel mischen. Die Hefe darauf krümeln. Milch, Wasser, Öl und Eiweiß dazugeben und 10 Minuten zu einem glatten Teig verkneten. Den Teig in der zugedeckten Schüssel an einem warmen Ort auf das Doppelte aufgehen lassen, etwa 50 Minuten.

2. Für die Füllung inzwischen die Schalotte und den Knoblauch schälen und in klein hacken. 1 Esslöffel Öl in einer großen Pfanne erhitzen, das Hackfleisch darin scharf anbraten. Schalotte und Knoblauch dazugeben und kurz anbraten. Tomatenmark und Alis Pageou Gewürz unterrühren. Petersilie und Minze waschen, trocken schütteln, die Blätter von den Stielen zupfen und fein schneiden. Die Kräuter unter die Hackmasse rühren und mit Salz, Pfeffer und Zucker abschmecken.

3. Den Teig in 12 Stücke á etwa 50 g teilen. Die Stücke auf der bemehlten Arbeitsfläche zu Bällchen formen und 5 Minuten ruhen lassen. Den Backofen vorheizen, Ober-/ Unterhitze: 250 °C, Heißluft: 230 °C.

4. Die Teigbällchen mit der Hand zu Kreisen flach drücken. Einen Kreis auf die Handfläche legen. Eine Portion Hackfleisch in die Mitte des Teiges geben. Den Teig über der Füllung schließen, so dass wieder ein Bällchen entsteht. Das Bällchen mit der Nahtseite nach unten auf ein mit Backpapier belegtes Backblech legen. Auf die gleiche Weise 11 weitere Pogaca herstellen und auf das Backpapier legen.

5. Eigelb mit Milch verquirlen und die Bällchen damit bestreichen. Sesam mit Schwarzkümmel mischen und auf die Pogaca streuen. Die Pogaca 10 – 15 Minuten im vorgeheizten Backofen backen.

MAMAS LINSENSUPPE

35 MIN.   4 PORTIONEN

ZUTATEN

2 MÖHREN (200 G)

4 – 5 REIFE TOMATEN

2 ZWIEBELN (80 G)

2 KNOBLAUCHZEHEN

70 G BUTTER

150 G ROTE LINSEN

½ EL TOMATENMARK

ETWAS ANKERKRAUT KREUZKÜMMEL

2 TL ALIS PAGEOU GEWÜRZ

50 ML NOILLY PRAT (TROCKENER WERMUT)

1,5 L GEFLÜGEL- ODER KALBSFOND

2 EL ANKERKRAUT NANA MINZE KRÄUTERTEE

ANKERKRAUT MEERSALZ, FEIN

ANKERKRAUT GROBER SCHWARZER PFEFFER

ANKERKRAUT CHILI FLOCKEN

1 BIO ZITRONE

1. Die Möhren schälen und fein würfeln. Die Tomaten waschen und vierteln, dabei die Stielansätze entfernen. Zwiebeln und Knoblauch schälen. Zwiebeln in kleine Würfel schneiden, Knoblauch fein hacken.

2. In einem großen Topf 50 g Butter zerlassen (die restliche Butter kalt stellen). Zwiebeln mit dem Knoblauch darin glasig anschwitzen. Die Linsen dazugeben und 1 Minute unter Rühren anschwitzen. Einige Kreuzkümmelsamen im Mörser zerstoßen. Möhrenwürfel, Tomatenviertel, Tomatenmark, 1 Prise Kreuzkümmel und Pageou Gewürz unterrühren und kurz mit anschwitzen.

3. Noilly Prat und Fond in den Topf geben und aufkochen. Das Ganze etwa 20 Minuten zugedeckt bei niedriger Hitze unter gelegentlichem Rühren köcheln lassen. Sobald die Linsen weich sind, die Suppe im Standmixer pürieren.

4. Die Suppe durch ein feines Sieb in einen anderen Topf geben und wieder aufkochen. Die getrocknete Minze hinzufügen. Die restliche gekühlte Butter (20 g) in Flöckchen dazugeben und mit dem Stabmixer einarbeiten. Die Linsensuppe mit Salz, Pfeffer und Chiliflocken abschmecken und in Suppenteller oder -tassen füllen. Die Zitrone heiß waschen, trocken tupfen, in Spalten schneiden und zum Beträufeln dazu servieren.

—TIPP—

*Tabouleh in den Salatblättern
anrichten. Tabouleh eignet sich gut
als Beilage zu gegrilltem Fleisch,
oder einfach mit Joghurt als
vegetarisches Gericht.*

TABOULEH

20 MIN.   4 PORTIONEN

ZUTATEN

80 G FEINER BULGUR
½ TL ANKERKRAUT KORIANDERSAAT
2 ZITRONEN
ANKERKRAUT MEERSALZ, FEIN
ANKERKRAUT GROBER SCHWARZER PFEFFER
70 ML OLIVENÖL
50 G GLATTE PETERSILIE
15 G MINZE
60 G LAUCHZWIEBELN
1 MINI-ROMANASALAT
250 G REIFE TOMATEN

1. Den Bulgur waschen, abtropfen lassen, in eine Schüssel geben, mit kaltem Wasser bedecken und 10 Minuten quellen lassen. Anschließend in einem Sieb abtropfen lassen. Koriander im Mörser zerstoßen. Zitronen halbieren und auspressen. Bulgur, 3 Esslöffel Zitronensaft, etwas Salz, Pfeffer, Koriander und 3 Esslöffel Olivenöl in einer Schüssel mischen und etwa 30 Minuten ziehen lassen.

2. Inzwischen Petersilie und Minze waschen und trocken schütteln. Die Blätter von den Stielen zupfen und in feine Streifen schneiden. Lauchzwiebeln putzen, waschen und in feine Ringe schneiden. Romanasalat putzen, zerteilen und waschen. Salatblätter schleudern oder trocken tupfen und in Streifen schneiden. Tomaten waschen, vierteln, Stielansätze und Kerne entfernen und die Viertel in kleine Würfel schneiden.

3. Petersilie, Minze, Lauchzwiebeln und Bulgur vermengen. 3 Esslöffel Zitronensaft mit Salz, Pfeffer und restlichem Olivenöl verrühren, unter den Salat heben und mit restlichem Zitronensaft abschmecken. Römersalat und die Hälfte der Tomatenwürfel unterheben.

4. Den Salat auf einer Platte anrichten und mit restlichen Tomatenwürfeln und etwas Pfeffer bestreuen.

—TIPP—

Es lohnt sich, die doppelte Teigmenge zuzubereiten und die Brote einzufrieren. Die Brote angetaut bei Ober-/ Unterhitze: 120 °C, Heißluft: 100 °C aufbacken.

FLADENBROT

 25 MIN.   2 PORTIONEN

ZUTATEN

400 G WEIZENMEHL (TYPE 550)
1 – 2 TL ANKERKRAUT MEERSALZ, FEIN
15 G FRISCHE HEFE
4 EL OLIVENÖL
1 EIGELB (GR. M)
2 EL GESCHÄLTER SESAM
1 EL ANKERKRAUT SCHWARZKÜMMEL

1. Für den Teig Mehl und 1,5 Teelöffel Salz in einer Schüssel mischen. Die Hefe auf das Mehl krümeln. 300 ml lauwarmes Wasser und das Öl dazugeben. Die Zutaten etwa 7 Minuten zu einem elastischen Teig verkneten. (Der Teig ist sehr feucht.) Den Teig in einer Schüssel zugedeckt etwa 90 Minuten gehen lassen, bis sich das Volumen verdoppelt hat.

2. Den Teig auf die bemehlte Arbeitsfläche geben und in 2 Portionen teilen. Beide Portionen von den Außenseiten zur Mitte hin, rundherum 2 – 3 mal vorsichtig einschlagen, dabei nicht zu fest drücken, damit die Luftblasen im Teig bleiben. Die Teigkugeln vorsichtig flach drücken.

3. Die Teigfladen (Ø etwa 20 cm) auf zwei mit Backpapier belegte Backbleche legen, abdecken und 15 Minuten ruhen lassen. Inzwischen den Backofen vorheizen, Ober-/ Unterhitze: 230 °C / Heißluft: 210 °C.

4. Eigelb mit 1 Esslöffel Wasser und 1 Prise Salz verrühren. Mit den Fingerspitzen ein Karomuster in den Teig drücken. Die Fladen mit verquirltem Eigelb einstreichen und mit Sesam und Schwarzkümmel bestreuen. Die Brote nacheinander jeweils etwa 15 Minuten hellbraun backen. (Bei Heißluft beide Brote auf einmal backen.) Die Brote nach dem Backen auf einem Kuchengitter abkühlen lassen.

„WELCHE ERBSE ERZÄHLT DIE BESTEN WITZE? DIE KICHERERBSE."

*Bei flachen Witzen
kichern die Erbsen.*

Kategorie

GETREIDE & HÜLSENFRÜCHTE

ÜBER-BLICK

ANGEBERMODUS AKTIVIERT: HÜLSENFRÜCHTE BEZEICHNET MAN AUCH ALS LEGUMINOSEN. MAN VERMUTET IHREN URSPRUNG VOR ALLEM IM SÜDOSTEN ASIENS UND CHINAS, WO DIE MENSCHEN SIE SCHON VOR MEHREREN TAUSEND JAHREN KULTIVIERTEN. INZWISCHEN WERDEN HÜLSENFRÜCHTE ÜBERALL AUF DEM GLOBUS ANGEBAUT UND HABEN SICH EINEN FESTEN PLATZ AUF UNSEREM SPEISEPLAN GESICHERT. IN DER ORIENTALISCHEN KÜCHE GELTEN HÜLSENFRÜCHTE ALS GRUNDNAHRUNGSMITTEL, MAN FINDET SIE BEINAHE IN JEDEM REZEPT. ANBEI EINE ÜBERSICHT UND STOFF FÜR NOCH MEHR ANGEBER-INFOS.

GRÜNE LINSEN

ZUBEREITUNG	Gründlich abspülen, im Verhältnis 1:2 mit Wasser aufkochen lassen und für 25 Minuten köcheln lassen.
VERWENDUNG	Linsensuppe, Eintopf, Salat

BELUGALINSEN

ZUBEREITUNG	Gründlich abspülen, im Verhältnis 1:2 mit Wasser aufkochen und für 30 Minuten auf geringer Stufe köcheln lassen.
VERWENDUNG	Eintopf, Suppen, Salat

ROTE LINSEN

ZUBEREITUNG	Gründlich abspülen, im Verhältnis 1:2 mit Wasser aufkochen lassen und für 10 – 15 Minuten köcheln lassen.
VERWENDUNG	Eintopf, Curry, Pürree

ROTE BOHNEN (KIDNEYBOHNEN)

ZUBEREITUNG	Gründlich abspülen, über Nacht einweichen lassen und mit der doppelten Menge Wasser 45 Minuten lang köcheln lassen.
VERWENDUNG	Chili, Suppen, Eintöpfe, Salat

WEISSE BOHNEN

ZUBEREITUNG	Über Nacht einweichen, abspülen, in einen Topf mit 2 cm Wasser bedecken. Auf niedriger Stufe für 45 – 60 Minuten köcheln.
VERWENDUNG	Eintöpfe, Salat, Hummus Variante

MUNGOBOHNEN

ZUBEREITUNG	Abspülen, ca. 2 Stunden in Wasser einweichen, im Verhältnis 1:3 aufkochen, 25 Minuten auf geringer Stufe köcheln.
VERWENDUNG	Wok, Dal, Curries

FRIKEH (GRÜNE WEIZENKÖRNER)

ZUBEREITUNG	Im Verhältnis 3:1 in leicht gesalzenem Wasser für 40 Minuten quellen lassen.
VERWENDUNG	Als getreidehaltige Basis für Salate, Beilage für gebratenes Gemüse

WEIZEN

ZUBEREITUNG	Über Nacht einweichen und anschließend in ungesalzenem Wasser aufkochen lassen und für 30 – 45 Minuten garen.
VERWENDUNG	Als Füllung für Gemüse, als Pfannengericht, in Aufläufen

HIRSE

ZUBEREITUNG	Hirse waschen, im Verhältnis 1:2 in gesalzenem Wasser aufkochen lassen, auf niedriger Stufe 5 Minuten köcheln, dann Herd ausschalten und für 30 Minuten quellen lassen.
VERWENDUNG	Hirsotto, süßer Hirsebrei, vegetarische Bratlinge

REIS

ZUBEREITUNG	Reis waschen, im Verhältnis 1:1 5 Minuten in leicht gesalzenem Wasser aufkochen. Auf niedriger Stufe köcheln, bis das Wasser vollständig verdampft ist.
VERWENDUNG	Reispfanne, Beilage zu Fleischgerichten

COUSCOUS

ZUBEREITUNG	Mit heißem Wasser im Verhältnis von 1:1 übergießen und für 10 – 15 Minuten abgedeckt quellen lassen.
VERWENDUNG	Beilage zu Fisch und Fleisch, als Süßspeise mit z. B. Rosinen

BULGUR

ZUBEREITUNG	Mit kochendem Wasser im Verhältnis von 1:1 übergießen und für 15 Minuten abgedeckt quellen lassen.
VERWENDUNG	Bulgur-Salat, Bulgur-Köfte

GELBERBSEN

ZUBEREITUNG	12 Stunden quellen lassen und im Verhältnis 1:3 60 Minuten köcheln lassen.
VERWENDUNG	Curry, Eintopf, Suppe

GRÜNE ERBSEN (UNGESCHÄLT)

ZUBEREITUNG	Über Nacht einweichen, im Verhältnis 1:4 mit Wasser aufkochen lassen und für 80 Minuten köcheln lassen.
VERWENDUNG	Suppe, Eintopf, Pürree

KICHERERBSEN

ZUBEREITUNG	In doppelter Menge Wasser 12 Stunden einweichen, dann abspülen. In einem Topf mit Wasser bedecken und 1 – 2 Std. kochen.
VERWENDUNG	Hummus, Falafel, geröstet

KICHERERBSENKEBAB
MIT RUCOLA-ORANGENSALAT

70 MIN.   **4 PORTIONEN**

ZUTATEN

FÜR DIE GRANATAPFEL-ZWIEBELN

9 CIPOLINI ZWIEBELN (KLEINE ZWIEBELN)
1 EL RAPSÖL
2 EL ZUCKER
300 ML GEMÜSEBRÜHE
1 EL GRANATAPFELSIRUP
1 ZWEIG THYMIAN & 1 ZWEIG ROSMARIN
40 G BUTTER
ANKERKRAUT MEERSALZ, FEIN
EINIGE SPRITZER DUNKLER BALSAMESSIG

FÜR DEN KEBAB

350 G KICHERERBSEN (A.D. DOSE)
1 SCHALOTTE
6 EL OLIVENÖL
5 EL HAFERFLOCKEN
50 G GETROCKNETE APRIKOSEN
1 KNOBLAUCHZEHE
½ BUND PETERSILIE & ½ BUND KORIANDER
50 G GEHACKTE MANDELN
1 EL TOMATENMARK
½ EL SENF
1 EL ANKERKRAUT PAPRIKA, EDELSÜSS
1 EL ALIS OSMANISCHER ZAUBER
ANKERKRAUT GROBER SCHWARZER PFEFFER
1 – 2 TL ZITRONENSAFT

FÜR DEN ORANGENSALAT

4 ORANGEN
200 G RUCOLA
4 TROPEA ZWIEBELN
2 LIMETTEN
2 EL ORANGENBLÜTENHONIG
2 EL OLIVENÖL

1. Die Zwiebeln schälen und halbieren. Eine große Pfanne erhitzen. Das Öl in die Pfanne geben und mit Zucker bestreuen. Die Zwiebeln auf der Schnittseite darin anbraten, bis sie etwas Farbe bekommen.

2. Gemüsebrühe und Granatapfelsirup in die Pfanne geben und bei mittlerer Hitze leicht einkochen lassen. Kräuter waschen, trocken schütteln und zusammen mit der Butter und einer Prise Salz in die Pfanne geben. Den Sud sirupartig einkochen lassen und mit dunklem Balsamessig abschmecken. Die Zwiebelhälften in dem Sud erkalten lassen.

3. Die Kichererbsen in einem Sieb abspülen und abtropfen lassen. Die Schalotte schälen, in kleine Würfel schneiden und in 1 Esslöffel Öl in einer kleinen Pfanne bei niedriger Hitze 5 Minuten glasig dünsten. Die Schalottenwürfel abkühlen lassen. Haferflocken im Zerkleinerer oder Mörser fein hacken oder zerstoßen. Die Aprikosen klein hacken und in eine Schüssel geben. Kichererbsen dazugeben und grob zerstampfen. Knoblauch schälen und in die Schüssel reiben.

4. Kräuter waschen, trocken schütteln, die Blätter abzupfen und hacken. Mandeln, Tomatenmark, Senf, zerkleinerte Haferflocken, Paprikapulver, Osmanischer Zauber und Kebab Gewürz, gehackte Kräuter, Schalotten- und Aprikosenwürfel zu den Kichererbsen geben. Gut vermengen und mit Salz, Pfeffer und Zitronensaft abschmecken. Aus der Masse daumendicke Würste formen und im restlichen Öl rundherum goldbraun braten. Kebab auf Küchenpapier abtropfen lassen.

5. Die Orangen so dick schälen, dass auch die weiße Haut entfernt wird. Die Orangenfilets herausschneiden. Rucola waschen, putzen und trocken schleudern. Zwiebeln schälen und in Streifen schneiden. Limetten auspressen. Limettensaft mit Honig und Olivenöl verrühren und mit Salz abschmecken. Rucola, Zwiebelstreifen und Orangenfilets mit dem Dressing vermengen.

MUNGO-BOHNENSALAT
MIT GEGRILLTER TAMARINDENBIRNE

45 MIN.   4 PORTIONEN

ZUTATEN

FÜR DEN SALAT

100 G MUNGOBOHNEN (GETROCKNET)
4 EL GESCHÄLTER SESAM
100 G SALATGURKE
2 PEPERONCINI (CHILISCHOTEN)
3 STÄNGEL KORIANDER
1 FRÜHLINGSZWIEBEL
4 EL SESAMÖL (GERÖSTET)
4 EL SOJASAUCE
2 EL MIRIN (REISWEIN)
2-3 EL REISESSIG
4 STÄNGEL MINZE
3 STÄNGEL GLATTE PETERSILIE

FÜR DIE TAMARINDENBIRNEN

200 ML PFLAUMENSAFT
20 G TAMARINDENPULPE (ASIA-LADEN)
40 G ZUCKER
1 EL HELLE SOJASAUCE
1 SPRITZER LIMETTENSAFT
½ EL ALIS OSMANISCHER ZAUBER
4 FESTE BIRNEN

1. Den Grill vorheizen. Für den Salat die getrockneten Mungobohnen in einen Topf geben, mit reichlich Wasser bedecken und 15 – 20 Minuten kochen. Sesam in einer trockenen Pfanne goldbraun rösten und auf einem Teller abkühlen lassen. Die Bohnen abgießen und abtropfen lassen. Die Salatgurke waschen, schälen, der Länge nach halbieren und entkernen. Peperoncini halbieren, entkernen, waschen und in Streifen schneiden.

2. Koriander waschen, trocken schütteln, die Blätter abzupfen und klein schneiden. Frühlingszwiebel putzen, waschen und in feine Ringe schneiden. Sesamöl, Sojasauce, Mirin und 1 Esslöffel Reisessig zu einem Dressing verrühren. Sesam und Koriander unterrühren.

3. Für die Tamarindenbirnen alle Zutaten, bis auf die Birnen, in einem Topf verrühren und einmal aufkochen lassen.

4. Die Birnen waschen, halbieren und mit einem kleinen Löffel das Kerngehäuse entfernen. Die Birnenhälften mit der Hautseite nach unten, bei direkter Hitze auf den heißen Grill legen. Sobald die Haut schwarz wird, die Birnen vom Grill nehmen und die Haut mit einem Messer abziehen. Anschließend die Birnen auf der Schnittseite kurz grillen.

5. Die Hälften vom Grill nehmen, der Länge nach durchschneiden und in die Tamarindenmarinade legen. Die Marinade nochmals aufkochen, dann vom Herd nehmen. Die Birnenviertel 10 Minuten ziehen lassen, aus dem Sud nehmen und mit Osmanischem Zauber würzen.

6. Minze und Petersilie waschen, trocken schütteln, die Blätter abzupfen und unter den Salat heben. Den Salat mit Reisessig abschmecken. Die Birnen auf dem Salat anrichten.

— TIPP —

*Der Orientalische Reis ist
ein Allrounder - er passt als
klassische Beilage zu fast allen
orientalischen Gerichten.*

ORIENTALI-SCHER REIS

15 MIN.   4 PORTIONEN

ZUTATEN

50 G ROSINEN

50 G GETROCKNETE TOMATEN

250 G BASMATI-NATURREIS

ANKERKRAUT MEERSALZ, FEIN

2 EL ALIS VADOUVAN GEWÜRZ

1 BIO ZITRONE

½ BUND GLATTE PETERSILIE

½ BUND MINZE

50 G GEHOBELTE MANDELN

1. Rosinen und getrocknete Tomaten hacken. Basmati Reis so lange waschen und abgießen, bis das Wasser klar ist. Den Reis gut abtropfen lassen.

2. Basmati Reis, Tomaten und Rosinen in einen Topf geben. Mit ½-1 TL Salz und Alis Vadouvan Gewürz würzen. Die Zitrone heiß waschen, trocken tupfen, etwa ¼ der Schale fein abreiben und zum Reis geben. 500 ml Wasser angießen und einmal aufkochen lassen. Den Topf mit einem Deckel verschließen. Den Reis bei niedriger Hitze etwa 20 Minuten gar ziehen lassen. Der Reis ist gar, wenn er das gesamte Wasser aufgesogen hat.

3. Inzwischen die Zitrone halbieren und auspressen. Petersilie und Minze waschen, trocken schütteln und vom Stiel befreien. Die Kräuterblätter klein hacken. Mandeln in einer Pfanne ohne Öl goldbraun rösten und auf einen Teller geben. Kräuter und Mandeln unter den Reis heben und mit etwas Zitronensaft abschmecken.

VEGETARISCHES LINSEN-BULGUR-GEMÜSE

15 MIN.   4 PORTIONEN

ZUTATEN

70 G BERGLINSEN

70 G GRÜNE LINSEN

200 G GROBER BULGUR

2 ZWIEBELN

40 G GHEE (AYURVEDISCHES SPEISEFETT)

½ TL ANKERKRAUT KREUZKÜMMEL

700 ML ANKERKRAUT GEMÜSEBRÜHE

10 G GLATTE PETERSILIE

1 TL ANKERKRAUT KORIANDERSAAT

½ TL ANKERKRAUT BOCKSHORNKLEE (GEMAHLEN)

ANKERKRAUT MEERSALZ, FEIN

ANKERKRAUT TELLICHERRY PFEFFER

2 EL OLIVENÖL

1. Linsen und Bulgur waschen und in einem Sieb abtropfen lassen. Die Zwiebeln schälen und in kleine Würfel schneiden.

2. Ghee in einem Topf erhitzen, Zwiebelwürfel darin anschwitzen. Linsen, Bulgur und Kreuzkümmel unterheben und kurz anschwitzen. Mit Brühe auffüllen und zugedeckt bei kleiner Hitze 25 – 30 Minuten garen.

3. Inzwischen die Petersilie waschen, trocken schütteln und die Blätter abzupfen. Koriandersaat im Mörser zerstoßen. Linsen-Bulgur-Gemüse mit Koriander, Bockshornklee, Salz und Pfeffer abschmecken. Die Petersilienblätter unterheben. Linsen-Bulgur-Gemüse anrichten.

TYPISCH ORIENT

VIELE DENKEN BEI DER KOCHKUNST DES NAHEN OSTENS WOHL AN SCHÄRFE UND KRÄFTIGE GEWÜRZ-NOTEN IN DEN SPEISEN. DOCH ES GEHT AUCH MILD: IN ARABISCHEN LÄNDERN WIRD GERNE AUF KRÄU-TER GESETZT, DIE GERICHTE MIT FEINEN, ABER INTENSIVEN AROMEN ABRUNDEN. STATT FEURIG-PIKAN-TER WÜRZE VERWÖHNEN KRAU-TIGE NUANCEN DIE SINNE UND HINTERLASSEN EIN WAHRES MOR-GENLAND-FLAIR AUF DER ZUNGE. SALBEI, ESTRAGON, MAJORAN UND THYMIAN SIND NUR EINIGE DER BLÄTTRIGEN WUNDERWAFFEN, DIE DIE ORIENTALISCHE KÜCHE ZU DEM MACHEN, WAS SIE IST – UND WOFÜR WIR SIE LIEBEN!

VERBENE

Beim Kochen wird Verbene, auch Eisenkraut genannt, das nicht etwa metallisch sondern zitronig schmeckt, gerne im Getränk serviert: In Nordaf-rika beispielsweise kommt es häufig in Kräutertees vor. Auch Desserts wie Mousses, Soufflés und Cremes erhalten völlig neue Seiten, wenn ihnen ein paar Blätter des Strau-ches hinzugefügt werden. Die Pflanze passt außerdem gut zu Früchten, Fisch, Geflügel sowie Käse und eignet sich auch für die Herstellung von wohlrie-chenden Duftölen, Parfüms und Cremes.

OREGANO

Bei diesem Kraut ist der erste Gedanke vieler Menschen wohl „Bella Italia". Doch auch im Orient ist es aus vielen Rezepten nicht mehr wegzu-denken! Aufgegossen als Tee oder eingerührt in würzige Brot-Dips und Marinaden entfaltet sich sein kräfti-ger, leicht scharfer, aber gleichzeitig auch süßlicher Geschmack besonders gut. Den Speisen des Morgen-landes verleiht der Oregano so eine herbe und rauchige Note, die der des Majorans recht ähnlich ist.

THYMIAN

Der Laubblätter besetzte
Halbstrauch Thymian wird hierzulande auch „Kuttelkraut" genannt.
In den Ländern des Orients wie
etwa dem Libanon oder Israel
bringt man ihn vor allem mit dem
Namen „Zahtar" in Verbindung.
Dabei handelt es sich um eine
köstliche Gewürzmischung, die
neben Sesam und Oregano haupt-
sächlich aus wildem Thymian
besteht und gerne zum Verfeinern
von Fladenbroten und orientalischen Dips verwendet wird.

NANA MINZE

Das exotische Wort „Nana"
stammt zugleich aus dem Persischen und dem Arabischen.
Damit wird meist die Minze als
Pflanze im Allgemeinen beschrie-
ben. Die Nana Minze ist jedoch
eine ganz spezielle Art und ist der
Hauptbestandteil des marokkanischen Nationalgetränks mit
dem klangvollen Namen „Thé à la
Menthe". Auch in der Küche kann
die besondere Minze genutzt
werden, zum Beispiel als
Geschmackshighlight in Linsen-
eintöpfen oder Saucen.

ROSMARIN

Sein leicht bitterer Geschmack
erinnert an Eukalyptus, der har-
zige Geruch hingegen lässt sich
wohl am ehesten mit dem von
Pinien und Fichten vergleichen.
Das spannende Aromengemisch
des Rosmarins wird auch in der
Küche Vorder- und Mittelasiens
geschätzt und bereichert in
gemahlener, geschnittener oder
ganzer Form unzählige Gerichte.
Selbst in süßen Nachspeisen und
Desserts kommt das Würzkraut
zur Geltung.

—TIPP—

Frikeh ist unreif geernteter, getrockneter Weizen. Er lässt sich durch Grünkern (grüner Dinkel) ersetzen.

WEIZEN-KÜRBIS-SALAT

45 MIN.   4 PORTIONEN

ZUTATEN

200 G FRIKEH, GRÜNE WEIZENKÖRNER
(ERHÄLTLICH IM TÜRKISCHEN LEBENSMITTELHANDEL)
1 ANKERKRAUT LORBEERBLATT
ANKERKRAUT MEERSALZ, FEIN
½ HOKKAIDO-KÜRBIS (ETWA 500 G)
6 EL OLIVENÖL
1 – 2 KNOBLAUCHZEHEN
40 G WALNUSSKERNE
200 G KIRSCHTOMATEN
1 – 2 TL ANKERKRAUT ORIENTALISCHE SALSA
3 – 4 EL ZITRONENSAFT
200 G SCHAFSKÄSE
3 STÄNGEL MINZE
ANKERKRAUT GROBER SCHWARZER PFEFFER

1. Die Weizenkörner waschen und abtropfen lassen. Weizen und Lorbeer in einen Topf geben, mit etwa 500 ml Wasser bedecken und aufkochen lassen. Den Weizen zugedeckt etwa 15 Minuten bei niedriger Hitze garen. Anschließend salzen und abkühlen lassen.

2. Die Kürbishälfte waschen, trocken tupfen und den faserigen Innenteil entfernen. Den Kürbis erst in Spalten, dann in etwa 1 cm große Würfel schneiden. 3 Esslöffel Öl in einer Pfanne erhitzen. Die Kürbiswürfel darin rundherum etwa 4 Minuten braten.

3. Inzwischen den Knoblauch schälen und sehr fein hacken. Walnusskerne fein schneiden. Knoblauch und die Hälfte der Walnusskerne zum Kürbis geben, 3 Minuten mitbraten und in einer großen Schüssel abkühlen lassen.

4. Die Tomaten waschen, abtropfen lassen und halbieren oder in Viertel schneiden. Abgekühlten Weizen, Tomaten, Orientalische Salsa, restliches Olivenöl und 2 – 3 Esslöffel Zitronensaft unter die Kürbiswürfel heben. Den Salat etwa 20 Minuten marinieren.

5. Den Schafskäse trocken tupfen und grob zerbröseln. Die Minze waschen, trocken schütteln, die Blätter abzupfen und bis auf einige in Streifen schneiden und unter den Salat heben. Den Salat mit Salz, Zitronensaft, Salsa und Pfeffer abschmecken, mit Schafskäse, restlichen Walnusskernen und übriger Minze anrichten.

PERSISCHER REISTOPF
MIT HÄHNCHENFLEISCH

60 MIN.   4 PORTIONEN

ZUTATEN

500 G BASMATI REIS

4 HÄHNCHENKEULEN (1,2 KG)

1 L ANKERKRAUT GEMÜSEBRÜHE

2 ANKERKRAUT LORBEERBLÄTTER

20 G GETROCKNETE BERBERITZEN

300 G MÖHREN

8 ANKERKRAUT SAFRANFÄDEN

½ TL ANKERKRAUT BIO KURKUMA

ANKERKRAUT MEERSALZ, FEIN

1 – 2 TL ANKERKRAUT LIMETTENPFEFFER

2 EIER (GR. M)

1 TL ZUCKER

2 EL VOLLMILCHJOGHURT

3 EL OLIVENÖL

40 G BUTTER

EINIGE PETERSILIENBLÄTTER ZUM GARNIEREN

AUSSERDEM

1 BESCHICHTETE PFANNE (Ø 28 CM) MIT PASSENDEM DECKEL

1. Den Reis waschsen und abtropfen lassen (bis das Wasser klar ist), dann 1h in kaltem Wasser einweichen.

2. Inzwischen die Hähnchenkeulen mit Küchenpapier abtupfen. Die Brühe aufkochen, Hähnchenkeulen und Lorbeerblätter in die Brühe geben und aufkochen. Die Keulen zugedeckt bei mittlerer Hitze etwa 25 Minuten vorgaren. Die Berberitzen abspülen und abtropfen lassen.

3. Die Möhren schälen, in Scheiben schneiden, zu den Keulen geben und 10 Minuten mitgaren. Keulen und Möhren abgießen, dabei die Brühe auffangen. 100 ml Brühe mit Safran und Kurkuma verrühren und abkühlen lassen. Die Keulen enthäuten, das Fleisch von den Knochen lösen und in mundgerechte Stücke teilen. Fleisch, Möhrenscheiben und Berberitzen vermengen und mit Salz und Limettenpfeffer würzen.

4. Den eingeweichten Reis abtropfen lassen. Dann mit 1 Teelöffel Salz in 1 Liter kochendes Wasser einstreuen. Den Reis 4 – 5 Minuten bissfest garen, abtropfen und kurz abkühlen lassen.

5. Eier, Zucker, Joghurt und Safranbrühe verquirlen und salzen. Die Hälfte Reis unterrühren. Den Pfannenboden mit Öl bedecken und die Hälfte des gelben Reis auf den Boden und an den Rändern andrücken. Fleisch-Mischung daraufschichten, mit dem übrigen gelben und danach dem weißen Reis bedecken und andrücken.

6. 400 ml der Brühe mit Butter verrühren und auf den weißen Reis träufeln. Das Ganze zugedeckt 5 Min bei mittlerer, anschließend 30 – 35 Minuten bei niedriger Hitze garen. Dabei soll die untere Reisschicht knusprig braun werden. Damit beim Garen keine Feuchtigkeit entweicht, den Pfannendeckel in ein Geschirrtuch wickeln und auf die Pfanne legen.

7. Nach Ende der Garzeit den Reis vorsichtig aus der Pfanne auf eine große runde Platte stürzen und mit Petersilie garnieren.

„GEMÜSE IST MEIN FLEISCH!"

So herum geht es nämlich auch,
findet Anne

Kategorie

GEMÜSE, GEFÜLLTES & EINTÖPFE

BUNTER BAZAR

Beim Stichwort Gewürzmarkt haben wir eine bunte Farbenpracht, herrlich duftende Aromen und wuselige Marktstände im Kopf. Auf den traditionellen Märkten, auch Souks genannt, kann die abendländische Kultur mit allen Sinnen erlebt werden. Geheimnisvoll, abenteuerlich und ganz anders als bei uns, finden die Märkte in engen, überdachten Gassen statt, in denen Gewürze, Obst und Gemüse, Parfüms und vieles mehr angeboten werden.

Auf Touristen wirken die Souks eher wie ein chaotisches Durcheinander, beim genaueren Hinsehen zeichnet sich aber ein Aufbau ab, der sich nach Art des Gewerbes richtet. Demnach gibt es einen Bereich in dem Gewürze, getrocknet und frisch, angeboten werden oder einen eigenen Bereich für Textilien wie Teppiche, Tücher und Stoffe. Handeln ist üblich und gehört mit zu dem Einkaufserlebnis dazu. Das Handeln mit dem Verkäufer hat fast schon spielerischen Charakter und wird bei einem Glas Minztee zelebriert, der als Zeichen der Gastfreundschaft angeboten wird.

GEWÜRZE ALS WÄHRUNG

Um die Bedeutung von Gewürzen richtig zu verstehen, muss gesagt werden, dass sie nicht nur allein als Handelsgut funktionierten. Denn sie haben auch als Währung gedient! Zu den ersten hoch geschätzten und weltweit gehandelten Gewürzen zählt der Pfeffer. Dieser wurde schon seit der Antike auf dem Land- und später auf dem Seeweg verfrachtet, bei Gewinnmargen von bis zu 1.000 Prozent! Die Araber haben vorerst ein Monopol auf den Handel mit der edlen Ware und verteidigen dieses mit aller Macht. Mancherorts sollen sogar motivierende Schlachtrufe wie „Für Jesus Christus und Gewürze" zu hören gewesen sein! Doch auch Salz & Co. waren und sind auch heute noch in vielen Teilen der Welt Medizin, Würze und Währung zugleich.

> „ICH BIN NIE IN ISTANBUL, OHNE DEN GEWÜRZMARKT ZU BESUCHEN."

ALI GÜNGÖRMÜŞ

GEWÜRZVIELFALT

Die orientalische Küche ist bekannt für ihre Gewürzvielfalt. Dabei erstreckt sich die Auswahl von A wie Anis bis Z wie Zimt. Da verwundert es nicht, dass Gewürze schon immer ein bedeutendes Handelsgut waren. Händler transportierten die hochwertige Ware teils wochenlang durch die Wüste, um sie in der nächsten Stadt auf den Märkten anzubieten. Städte, die an den Handelsstraßen lagen, waren demnach sehr beliebt und profitierten von den Gewürzkarawanen. Je nach Region würzen die Menschen im Orient anders und kennen weitaus mehr Geschmacksrichtungen als süß, scharf und würzig. Unzählig viele Nuancen und das Zusammenspiel derer machen die orientalische Küche zu dem was sie ist: ein Ausflug in ferne (Geschmacks)-Welten, die wir dir in diesem Buch näher bringen.

DÜRÜM
MIT GEGRILLTEM GEMÜSE

50 MIN.   4 PORTIONEN

ZUTATEN

FÜR DIE DÜRÜMS

100 G WEIZENMEHL

½ TL BACKPULVER

½ TL NATRON

2 G ZUCKER

3 G ANKERKRAUT MEERSALZ, FEIN

65 G BUTTER

35 ML MILCH

40 G JOGHURT (3,5 %)

1 KNOBLAUCHZEHE

2 KRÄUTERZWEIGE (ROSMARIN, THYMIAN)

FÜR DAS GRILLGEMÜSE UND DEN SALAT

6 EL OLIVENÖL

1 AUBERGINE

1 ZUCCHINI

1 FENCHELKNOLLE

4 ROTE SPITZPAPRIKA

1 KOPFSALAT

½ SALATGURKE

100 G KIRSCHTOMATEN

1 BUND GLATTE PETERSILIE

6 ZWEIGE MINZE

1 BUND LAUCHZWIEBELN

1 KNOBLAUCHZEHE

3 EL ZITRONENSAFT

1 TL ALIS OSMANISCHER ZAUBER

1 TL ALIS KEBAB GEWÜRZ

ANKERKRAUT MEERSALZ, FEIN

ANKERKRAUT ROHRZUCKER

ANKERKRAUT GROBER SCHWARZER PFEFFER

1. Mehl, Backpulver, Natron, Zucker und Salz in einer Schüssel mischen. 15 g Butter und die Milch zusammen in einem Topf erwärmen, bis die Butter geschmolzen ist. Kurz abkühlen lassen.

2. Den Joghurt in eine große Rührschüssel geben und die warme Milch-Butter-Mischung langsam einrühren. Die trockenen Zutaten nach und nach mit einem Löffel unterrühren. Wenn sich die Zutaten verbunden haben, den Teig erst in der Schüssel, dann auf der Arbeitsfläche geschmeidig kneten. Sollte der Teig kleben, noch ein wenig Mehl hinzufügen.

3. Den Teig mindestens ½ Stunde unter einer umgedrehten Schüssel oder in einer Schüssel mit gut schließendem Deckel ruhen lassen. Je länger der Teig ruht, desto weicher wird er.

4. Inzwischen eine Grillpfanne vorheizen. Die Grillrippen dünn mit Öl bestreichen. Aubergine, Zucchini, und Fenchel waschen. Von der Aubergine und der Zucchini die Stielansätze entfernen. Beide Gemüse längs in Scheiben schneiden. Den Fenchel putzen, halbieren und den Strunk entfernen. Die Hälften in Scheiben schneiden. Die Gemüsescheiben salzen und in der Grillpfanne angrillen. Die Paprikaschoten vierteln, putzen, entkernen, abspülen und ebenfalls grillen, anschließend salzen.

5. Den Kopfsalat klein zupfen, waschen und trocken schleudern. Die Salatgurke waschen, schälen, der Länge nach halbieren und mit einem Löffel entkernen. Die Hälften in Scheiben schneiden. Die Kirschtomaten waschen und halbieren. Die Kräuter waschen, trocken schütteln, die Blätter abzupfen und grob schneiden.

6. Die Lauchzwiebeln putzen, waschen und in Ringe schneiden. Knoblauch schälen und fein hacken. Zwiebelringe und Knoblauch in eine Schüssel geben und mit Zitronensaft, Osmanischer Zauber und Kebab Gewürz, Salz, Zucker, Pfeffer und restlichem Olivenöl verrühren. Tomatenhälften, Gurkenscheiben und gehackte Kräuter dazugeben. Den Salat mit Salz und Pfeffer abschmecken.

MAIS-SUCUK-BULGUR-RAGOUT

IN DOLMA PAPRIKA

 40 MIN. 4 PORTIONEN

ZUTATEN

8 DOLMA PAPRIKASCHOTEN (KLEINE HELLGRÜNE PAPRIKASCHOTEN)

3 ZWIEBELN

5 KNOBLAUCHZEHEN

150 G SUCUK (TÜRKISCHE WURST)

5 EL OLIVENÖL

200 G BULGUR GROB ODER FEIN

100 G GEMÜSEMAIS (A.D. DOSE)

3 EL TOMATENMARK

1 EL ALIS LEVANTE GEWÜRZ

ANKERKRAUT MEERSALZ, FEIN

500 ML GEMÜSEBRÜHE

1 DOSE GESCHÄLTE PELATI TOMATEN (500 ML)

ANKERKRAUT ROHRZUCKER

2 EL PINIENKERNE

1 EL KORINTHEN

AUSSERDEM

1 FLACHE AUFLAUFFORM

1. Von den Paprikaschoten je einen Deckel abschneiden. Scheidewände und Kerne der Schoten entfernen. Die Schoten waschen und abtropfen lassen.

2. Für die Füllung 1 Zwiebel und 1 Knoblauchzehe schälen und in feine Würfel schneiden. Die Sucuk-Haut abziehen und die Wurst in kleine Würfel schneiden. 2 Esslöffel Öl in einem Topf erhitzen. Knoblauch- und Zwiebelwürfel darin glasig dünsten. Sucuk dazugeben und kurz mit andünsten.

3. Bulgur und Mais in einem Sieb abspülen, abtropfen lassen und zusammen mit Tomatenmark und Alis Levante Gewürz in den Topf geben. Mit Gemüsebrühe auffüllen, aufkochen und im geschlossenen Topf 15 Minuten ziehen lassen. Den Backofen vorheizen, Ober-/ Unterhitze: 160 °C, Heißluft: 140 °C.

4. In der Zwischenzeit die restlichen Zwiebeln und die restlichen Knoblauchzehen für die Sauce schälen und in feine Würfel schneiden. Übriges Olivenöl erhitzen. Knoblauch- und Zwiebelwürfel darin glasig dünsten. Pelati Tomaten mit einem Stabmixer leicht mixen, da-zugeben und aufkochen. Die Sauce mit Salz und Zucker abschmecken und in eine flache Auflaufform füllen.

5. Pinienkerne und Korinthen unter die Bulgurmasse rühren. Die Masse mit Salz abschmecken und in die Paprikaschoten füllen. Die gefüllten Schoten in die Sauce in der Form stellen und die Deckel auflegen. Die Paprikaschoten etwa 30 Minuten im vorgeheizten Backofen garen.

— TIPP —

*Der Salat lässt sich auch gut
mit Brotresten, zum Beispiel
von Baguette oder Ciabatta
zubereiten.*

ARABISCHER BROTSALAT

50 MIN.   4 PORTIONEN

ZUTATEN

1 – 2 FLADENBROTE, SIEHE SEITE 39
300 G SALATGURKE
1 MÖHRE (150 G)
250 G REIFE TOMATEN
1 BUND RADIESCHEN
70 G FRÜHLINGSZWIEBELN
1 BUND GLATTE PETERSILIE
2 ZITRONEN
1 – 2 KNOBLAUCHZEHEN
1 TL ANKERKRAUT NANA MINZE KRÄUTERTEE
ANKERKRAUT MEERSALZ, FEIN
ANKERKRAUT GROBER SCHWARZER PFEFFER
½ TL ZUCKER ODER ETWAS HONIG
5 ESSLÖFFEL OLIVENÖL
1 MINI-ROMANASALAT

1. Das Brot waagerecht durchschneiden und in der Pfanne ohne Fett anrösten. Abkühlen lassen.

2. Gurke, Möhre und Tomaten waschen und abtropfen lassen. Die Gurke der Länge nach vierteln und in Scheiben schneiden. Die Stielansätze der Tomaten entfernen. Die Tomaten in kleine Stücke schneiden. Die Möhre schälen und in dünne Scheiben hobeln.

3. Radieschen waschen, abtropfen lassen, putzen, dabei die kleinen Radieschenblätter aufheben. Radieschen in Scheiben schneiden. Frühlingszwiebeln putzen, waschen und in dünne Ringe schneiden. Gemüse und Frühlingszwiebeln in einer Schüssel mischen.

4. Petersilie waschen, trocken schütteln, die Blätter abzupfen und zusammen mit den Radieschenblättern grob hacken. Brot in mundgerechte Stücke brechen. Brot und gehackte Blätter zum Gemüse geben.

5. Zitronen halbieren und auspressen. Knoblauch schälen und fein hacken. Knoblauch, Minze, Salz, Pfeffer, 5 Esslöffel Zitronensaft, Zucker oder Honig und Olivenöl zu einem Dressing verrühren, unter den Brotsalat heben und 10 Minuten ziehen lassen. Römersalat putzen, zerteilen, waschen, trocken tupfen oder schleudern und in mundgerechte Stücke zupfen.

6. Den Brotsalat mit Salz und Zitronensaft abschmecken. Kurz vor dem Servieren den Römersalat unterheben.

AUBERGINE
MIT SAUTIERTEM MALVEN-GEMÜSE

40 MIN.   4 PORTIONEN

ZUTATEN

6 AUBERGINEN

ANKERKRAUT MEERSALZ, FEIN

ANKERKRAUT GROBER SCHWARZER PFEFFER

ETWA 100 ML OLIVENÖL

3 EL ZITRONENSAFT

2 EL ALIS PAGEOU GEWÜRZ

300 G MALVENBLÄTTER

2 ZWIEBELN

30 G BUTTER

80 G GRANATAPFELKERNE

EINIGE STÄNGEL GLATTE PETERSILIE ZUM GARNIEREN

ZUCKER

AUSSERDEM

BACKPAPIER

1. Die Auberginen waschen und der Länge nach halbieren. Das Fruchtfleisch gleichmäßig mit einem Rautenmuster einritzen, mit Salz und Pfeffer würzen und 10 Minuten Saft ziehen lassen. Den Backofen vorheizen, Ober-/ Unterhitze: 220 °C / Heißluft: 200 °C.

2. Die Auberginen trocken tupfen. Etwas Öl in einer Pfanne erhitzen. Die Auberginenhälften in mehreren Portionen in jeweils etwas Öl auf der Schnittseite scharf anbraten. Anschließend mit Zitronensaft und Alis Pageou Gewürz würzen. Die Auberginenhälften mit der Schnittseite nach oben auf ein mit Backpapier belegtes Backblech legen und im vorgeheizten Backofen etwa 20 Minuten backen.

3. Inzwischen die Malvenblätter waschen, trocken schütteln, vom Stiel entfernen und klein hacken. Die Zwiebeln schälen und fein würfeln. In einer Pfanne das restliche Olivenöl (etwa 2 Esslöffel) erhitzen. Die Zwiebelwürfel darin anschwitzen, dann die Malvenblätter dazugeben, gut mischen und würzen. 2 Esslöffel Wasser und die Butter dazugeben und für ca. 10 Minuten bei niedriger Hitze sämig einkochen lassen.

4. Die Petersilie zum Garnieren waschen, trocken schütteln und die Blätter abzupfen. Die Malvenblätter auf den Auberginenhälften anrichten. Mit Granatapfelkernen und Petersilie garnieren.

ALIS KÜCHEN-GADGETS

GEWÜRZ MÖRSER

Wir geben es zu: manche Küchenutensilien sind mehr trendy und nice to have als wirklich notwendig. Nicht so der Mörser, denn er hat schon vor Jahrtausenden den Weg in die Küche gefunden und sich bis heute bewährt, besonders in der orientalischen Küche. Wenn ganze Pflanzenteile wie Blätter, Blüten und Früchte zu feinem Pulver zerstoßen werden, kann sich das stärkste Aroma entfalten.

MUSKATREIBE

Hier ist weniger definitiv mehr! Eine wohldosierte Prise Muskatnuss verpasst nicht nur unserem Kartoffelpüree das gewisse Etwas, sondern würzt auch orientalische Schmortöpfe und Gemüse. Hier gilt es sparsam zu sein bei der Menge: die Reibe hilft uns bei der vorsichtigen Dosierung.

TAJINE TOPF

Wie auch der Mörser wurde die Tajine schon vor Jahrtausenden zum Kochen verwendet. Nordafrikanische Berber schmorten darin schonend sanft Fleisch, Fisch, Gemüse und Gewürze zur gleichen Zeit. Bestehend aus einer Schale und einem konisch geformten Deckel werden die Speisen langsam in ihrer eigenen Flüssigkeit gegart, sodass der intensive Geschmack erhalten bleibt.

TIEFE TONTELLER

Nordafrikanische Berber fertigten mit ihrer Töpferkunst Naturkochtöpfe an, in denen sie auf offenem Feuer ihre Speisen kochten, schmorten und garten. Auch heute noch gehören von Hand getöpferte Teller und Schüsseln in nordafrikanischen Ländern zum Standardutensil. Bei uns wird zwar eher selten auf offenem Feuer gekocht, die Tonteller- und Schüsseln können jedoch ganz unbesorgt auf den Herd und in den Ofen gestellt werden.

WIR BEHAUPTEN MAL GANZ SELBSTBEWUSST, DASS WIR ALLE KOCHEN KÖNNEN, MIT ODER OHNE VORERFAHRUNG. OB EIN REZEPT GELINGT, HÄNGT MITUNTER VON DER GEDULD DES KOCHENDEN AB, ABER WAS AUF KEINEN FALL FEHLEN SOLLTE, SIND PASSENDE KÜCHEN-UTENSILIEN. WIR STELLEN HIER DIE MUST-HAVES VOR, MIT DENEN DIE NÄCHSTE WILDE (ORIENTALISCHE) KOCHSESSION EIN ERFOLG WIRD.

TÜRKISCHES TEE-SET

Die traditionelle türkische Teekanne besteht aus zwei aufeinandergestapelten Kannen, die sich voneinander trennen lassen. In der oberen Kanne befindet sich das Tee-Konzentrat, das von dem heißen Wasser in der unteren Kanne warmgehalten wird. Nur so kann sich das typische Aroma entfalten, für das türkischer Tee so bekannt ist. Zu der Teekanne gehören auch die typischen Teegläser, die in aufwendiger Handarbeit verziert werden.

GRILLPFANNE

Edelstahl, Teflon, Emaille, Gusseisen oder Kupfer? Bei der Auswahl an Pfannen kann man schon mal ins Grübeln kommen. Grundsätzlich ist es aber ratsam zwei Pfannen im Schrank zu haben: eine für das Anbraten mit niedrigen Temperaturen (für Eier, Tofu und Fisch) und eine zweite, die hoch erhitzt werden kann (für Fleisch und Gemüse)

MOKKA KANNE

Türkischer Kaffee erfreut sich auch über die Landesgrenzen hinaus großer Beliebtheit und wird in sämtlichen Ländern des Orients aufgebrüht und gefeiert. Das Geheimnis liegt in dem sehr fein gemahlenen Kaffeepulver mit einer Konsistenz wie Puderzucker und der traditionellen Kanne, auch Ibrik oder Cevze genannt.

BACKPINSEL

Kochen, Backen oder Grillen: der Pinsel hilft uns immer dann, wenn Öle, Marinaden oder Cremes gleichmäßig verteilt werden sollen. Wir empfehlen Silikonpinsel, denn sie sind pflegeleichter und hygienischer im Vergleich zu Naturborstenpinsel.

VEGETARISCHES SHAWARMA
MIT HALLOUMI

35 MIN.   4 - 6 STÜCKE

ZUTATEN

400 G HALLOUMI

2 – 3 TL ANKERKRAUT RAS EL HANOUT

6 EL OLIVENÖL

½ SPITZKOHL (300 G)

½ BUND DILL

½ BUND KORIANDER

2 – 3 EL ZITRONENSAFT

ANKERKRAUT MEERSALZ, FEIN

1 – 2 TL ANKERKRAUT MUSCOVADO

1 MINI SALATGURKE

½ ROTE ZWIEBEL

½ GELBE PAPRIKASCHOTE

4 FLADENBROTE, SIEHE SEITE 39

4 – 6 EL TAHIN (SESAMPASTE)

AUSSERDEM

BACKPAPIER

EVTL. EINE GRILLPFANNE

1. Den Halloumi trocken tupfen, in etwa 1 cm dicke Scheiben schneiden und in eine flache Form legen. Ras el Hanout mit 3 Esslöffel Öl verrühren und über den Halloumi träufeln. Die Scheiben nach 15 Minuten wenden und nochmals 15 Minuten ziehen lassen.

2. Inzwischen den Spitzkohl putzen, den Strunk herausschneiden. Den Kohl in schmale Streifen schneiden. Dill und Koriander waschen und trocken schütteln. Dill in kleine Zweige zupfen, vom Koriander die Blätter abzupfen. Etwas Dill und Koriander zum Garnieren beiseite legen. Restliche Kräuter klein schneiden. Die Kohlstreifen, mit geschnittenen Kräutern, Zitronensaft, Salz, Muscovado-Zucker und 2 Esslöffel Öl mit den Händen leicht verkneten und zugedeckt ziehen lassen.

3. Die Gurke waschen, trocken tupfen und in dünne Scheiben schneiden. Rote Zwiebel schälen und in feine Ringe schneiden. Paprika putzen, abspülen und längs in dünne Streifen schneiden.

4. Den Backofen vorheizen, Ober-/ Unterhitze: 160 °C/ Heißluft: 140 °C. Die Pitabrote auf ein mit Backpapier belegtes Backblech legen und im vorgeheizten Backofen etwa 8 Minuten aufbacken.

5. Inzwischen eine Grillpfanne vorheizen, die Rippen mit restlichem Öl einstreichen. Halloumischeiben darauf von beiden Seiten goldbraun braten und auf Küchenpapier abtropfen lassen. Kohlsalat mit Salz abschmecken.

6. In die Pitabrote waagerecht eine Tasche schneiden. Etwas Tahin in die Brottaschen streichen. Die Pitabrote mit den vorbereiteten Zutaten füllen. Die Füllung eventuell mit dem übrigem Marinieröl beträufeln.

SHAKSHUKA-LAHMACUN
MIT WACHTELEIERN

40 MIN.   4 PORTIONEN

ZUTATEN

400 G WEIZENMEHL UND MEHL ZUM BEARBEITEN

1 – 2 TL ANKERKRAUT ROHRZUCKER

ANKERKRAUT MEERSALZ, FEIN

10 G FRISCHE HEFE

150 ML WASSER

50 G JOGHURT (3,5 % FETT)

3 – 4 EL OLIVENÖL

4 TOMATEN (200 G)

2 SCHALOTTEN

1 BUND KORIANDER

1 EL TOMATENMARK

½ EL PAPRIKAMARK

1 EL ALIS LEVANTE GEWÜRZ

ANKERKRAUT GROBER SCHWARZER PFEFFER

16 WACHTELEIER

ETWAS MINZE, BLATTPETERSILIE UND KORIANDER ZUM GARNIEREN

AUSSERDEM

1 PIZZASTEIN

1. Für den Teig Mehl, Zucker und Salz in einer Schüssel mischen, die Hefe darauf krümeln. Wasser, Joghurt und 2 Esslöffel Olivenöl dazugeben und zu einem glatten Teig kneten. Den Teig in 4 gleich große Stücke teilen und zugedeckt 30–60 Minuten gehen lassen, bis sich das Volumen fast verdoppelt hat.

2. Inzwischen für das Topping die Tomaten an der Unterseite kreuzweise einritzen, mit kochendem Wasser übergießen und in kaltem Wasser abschrecken. Die Tomaten mit einem kleinen Messer häuten und den Stielansatz keilförmig herausschneiden. Die Tomaten vierteln, entkernen und hacken. Die Schalotten schälen und fein würfeln. Den Backofen und einen Pizzastein vorheizen, Ober-/ Unterhitze: 250 °C, Heißluft: 230 °C .

3. Den Koriander abspülen, trocken schütteln, klein zupfen und fein hacken. Tomaten, Koriander und Schalotten in eine Schüssel geben, Tomaten- und Paprikamark und Alis Levante Gewürz unterrühren. Mit Salz, Pfeffer, übrigem Zucker und restlichem Öl abschmecken.

4. Eine Portion Teig auf die bemehlte Arbeitsfläche legen, mit Mehl bestäuben und mit einer Teigrolle 4 mm dünn zu einem runden Fladen ausrollen. Das Topping in 4 Portionen teilen. 1 Portion auf dem Fladen verteilen. 4 Wachteleier aufschlagen und vorsichtig auf den Belag geben. Den Lahmacun mit Hilfe eines Pizzaschiebers auf den heißen Pizzastein legen und 5 – 7 Minuten im vorgeheizten Backofen backen.

5. Die Kräuter zum Garnieren abspülen, trocken schütteln und die Blätter abzupfen. Lahmacum aus dem Pizzaofen nehmen und mit den Kräutern garnieren. Auf die gleiche Weise 3 weitere Lamacums herstellen.

— TIPP —

Wenn die Auberginen
große Kerne haben,
eventuell einen Teil der
Kerne entfernen.

ANKERKRAUT

Limettenpfeffer

LIBANESISCHER AUBERGINEN-SALAT

30 MIN.   4 PORTIONEN

ZUTATEN

3 AUBERGINEN (750 G)
1 TL ANKERKRAUT LIMETTENPFEFFER
½ TL ANKERKRAUT KORIANDER
1 KNOBLAUCHZEHE
1 GRÜNE PAPRIKASCHOTE
200 G DATTELTOMATEN
1 ZITRONE
ANKERKRAUT MEERSALZ, FEIN
4 EL OLIVENÖL
½ GRANATAPFEL
½ BUND GLATTE PETERSILIE
½ BUND KERBEL

AUSSERDEM

1 AUFLAUFFORM ODER EIN BACKBLECH

1. Den Backofengrill vorheizen. Die Auberginen abspülen, mit einer Gabel rundherum mehrfach einstechen. Die Auberginen in eine Auflaufform legen und unter dem Backofengrill etwa 40 Minuten grillen, bis sie weich sind. Die Auberginen zwischendurch immer wieder wenden. Die heißen Auberginen für etwa 20 Minuten unter eine umgedrehte Schüssel legen, damit sich die Haut löst und später abziehen lässt.

2. Den Limettenpfeffer und den Koriander im Mörser fein zerstoßen. Den Knoblauch schälen und hacken. Die Paprika vierteln, waschen, entkernen und die Scheidewände entfernen. Die Viertel in etwa 1 cm große Quadrate schneiden. Die Datteltomaten waschen und in Scheiben schneiden. Die Zitrone halbieren und auspressen.

3. Die Haut der Auberginen abziehen. Die Auberginen leicht ausdrücken, den Saft auffangen. Auberginensaft, 3 Esslöffel Zitronensaft, die Gewürze aus dem Mörser, Salz und das Olivenöl in einer Schüssel verrühren. Den Granatapfel über die Schüssel halten und mit einem Kochlöffel auf den Apfel schlagen, so dass die Kerne in die Schüssel fallen.

4. Das Fruchtfleisch der Aubergine in etwa 1 cm große Würfel schneiden, in die Schüssel geben und mit Granatapfelkernen, Salatsauce und Tomatenscheiben mischen. Petersilie und Kerbel waschen, trocken schütteln, die Blätter abzupfen und einige zum Garnieren beiseite legen. Restliche Kräuterblätter grob zerschneiden und unter den Salat heben. Den Salat 20 Minuten durchziehen lassen.

5. Den Salat mit Salz und Zitronensaft abschmecken und mit den restlichen Kräuterblättern garnieren.

„SCHLUSS MIT LARIFARI, ZEIT FÜR CALAMARI!"

Stefan kann es gar nicht mehr abwarten!

Kategorie

FISCH & MEERESFRÜCHTE

FISCH-KLASSIKER

ST. PETERSFISCH

—ISRAEL—

Seinem Erscheinungsbild nach zu urteilen, ist er ein mürrisch dreinblickender Zeitgenosse, der seiner Beute entschlossen nachstellt. Sein Jagdverhalten ist aber alles andere als bedrohlich. Langsam, fast träge bewegt er sich fort. Er punktet mit seinem festen, weißen und fast grätenfreien Fleisch. Das macht ihn zu einer besonderen Gaumenfreude, die es nicht alle Tage gibt. Sein Erkennungszeichen ist ein dunkler Fleck an den Seiten, hinter den Kiemen. Der Legende nach fuhr Petrus an den See Genezareth und ließ versehentlich eine Münze fallen. Als er danach griff, erwischte er die Münze und einen vorbeischwimmenden Fisch und hinterließ so seinen Fingerabdruck.

DER GEFILTE FISCH

ER IST DER INBEGRIFF JÜDISCHER TRADITIONSKÜCHE UND WOHL AUCH DAS BEKANNTESTE JÜDISCHE FISCHGERICHT. DER TRADITION GEMÄSS WIRD DAS FISCHFLEISCH, MEIST KARPFEN, VON DER HAUT UND DEN GRÄTEN GETRENNT OHNE DIE HAUT ZU VERLETZEN. MIT WEISSBROT VERMENGT UND ANSCHLIESSEND WIEDER ZURÜCK IN DIE HAUT GEFÜLLT, IST ES DIE AUFWENDIGSTE ZUBEREITUNGSFORM. WER ES SICH EINFACHER MACHEN MÖCHTE, FORMT AUS DEM ZERKLEINERTEN FISCH BÄLLCHEN ODER SCHEIBEN.

—ISRAEL—

NEBEN GEMÜSE, HÜLSENFRÜCHTEN UND FLEISCH SPIELT FISCH FÜR DIE ORIENTALISCHE KÜCHE EINE BEDEUTENDE ROLLE, BESONDERS IN DEN KÜSTEN- REGIONEN. DORT WIRD DER FISCH IM MEER GEFANGEN UND DIREKT AUF DEN LOKALEN MÄRKTEN UND RESTAURANTS ANGEBOTEN. ES HERRSCHEN TRADITIO- NELLE FISCHGERICHTE VOR, DIE IN JEDEM LAND NEU INTERPRETIERT UND VARIIERT WERDEN.

BALIK EKMEK

—TÜRKEI—

UNSER NORDDEUTSCHES FISCH-BRÖTCHEN BEKOMMT INTER-NATIONALE KONKURRENZ – VOM MAKRELENSANDWICH AUS ISTANBUL. ES IST DAS BELIEBTESTE STREET-FOOD DER STADT UND LÄSST DÖ-NER, BÖREK UND CO LINKS LIEGEN. DABEI IST DIE ZUBEREITUNG SO SIMPEL WIE FANTASTISCH LECKER: PITABROT ANRÖSTEN, EIN GE-GRILLTES MAKRELENFILET REIN, SALAT MIT ZWIEBELN, TOMATEN UND CHILIS DRAUF. NOCH EIN SPRITZER FRISCHER ZITRONEN-SAFT DAZU UND ALLES MIT SALZ, PFEFFER UND CHILI WÜRZEN – FERTIG!

FISCH KIBBEH

—ARABISCHER RAUM—

Als fester Bestandteil des typisch orientalischen Vorspeisentellers, auch Mezze genannt, zählen die knusprigen Bällchen aus Fisch zu den beliebtesten Speisen der Levante-Küche. Neben Fisch Kibbeh gibt es auch Varianten aus Fleisch oder Gemüse. Eines bleibt aber immer gleich: Kibbeh sind zeitaufwendig und brauchen Geduld und Ruhe, um zu gelingen.

LAVASH FISCHROLLE

—AUS LAVASH FLADENBROT MIT KÄSE & EIERN—

—PERSIEN—

Seinen Ursprung hat dieses Fladengericht in Armenien, es wird aber auch in Persien, der Türkei und Georgien gegessen. Lavash setzt sich aus zwei armenischen Wörtern zusammen „lav" für gut und „hash" für Essen. Dabei werden die ungesäuerten Lavash-Fladen mit Fisch, Käse und Ei gefüllt. Es gibt aber unzählig viele Varianten, mache sind süß mit Aprikosen, andere herzhaft mit Sauerrahm und Schinken. Die Übersetzung hält was sie verspricht: aus Lavash-Rollen macht man einfach gute, ehrliche Gerichte, die schmecken!

—TIPP—

*Anstelle der Sardinen können
auch kleine Heringe oder
Rotbarben verwendet werden*

GEBRATENE SARDINEN
MIT TOMATENSALAT

50 MIN.   4 PORTIONEN

ZUTATEN

700 G MITTELGROSSE REIFE TOMATEN

2 GRÜNE ODER ROTE PEPERONI

4 FRÜHLINGSZWIEBELN

4 – 5 EL WEISSWEINESSIG

ANKERKRAUT MEERSALZ, FEIN

ANKERKRAUT GROBER SCHWARZER PFEFFER

1 – 2 EL ANKERKRAUT ROHRZUCKER

200 ML OLIVENÖL

1 KÄSTCHEN SCHNITTKNOBLAUCHSPROSSEN

(ERSATZWEISE ½ BUND FEIN GESCHNITTENER SCHNITTLAUCH)

800 G SARDINEN

(GESCHUPPT, AUSGENOMMEN, MITTELGRÄTE ENTFERNT)

½ BUND GLATTE PETERSILIE

1 TL ANKERKRAUT KREUZKÜMMEL

1 TL ANKERKRAUT KORIANDER SAAT

1 BIO ZITRONE

1 MSP. ANKERKRAUT PIMENT

½ – 1 TL ANKERKRAUT CAYENNEPFEFFER

2 EL WEIZEN- ODER KICHERERBSENMEHL

AUSSERDEM

32 KLEINE HOLZSTÄBCHEN (ZAHNSTOCHER)

1. Für den Salat die Tomaten waschen und die Stielansätze keilförmig herausschneiden. Die Tomaten in Scheiben schneiden und auf einer Platte anrichten. Die Peperoni putzen, der Länge nach einschneiden, entkernen und abspülen. Peperoni in Ringe schneiden. Frühlingszwiebeln putzen, waschen, in feine Ringe schneiden und mit den Peperoni auf die Tomatenscheiben verteilen.

2. Essig mit Salz, Pfeffer, Rohrzucker und 6 EL Öl zu einer Salatsauce verrühren und auf die Tomatenscheiben träufeln. Die Sprossen schneiden, abspülen und abtropfen lassen.

3. Die Sardinen waschen und, falls nötig, Gräten entfernen. Die Sardinen mit Küchenpapier abtupfen. Die Petersilie waschen, trocken schütteln und die Blätter abzupfen. Kreuzkümmel und Koriandersaat im Mörser zerstoßen. Die Zitrone heiß abwaschen und abtrocknen. Die Hälfte der Zitronenschale fein reiben und mit den Gewürzen und 1-2 Teelöffel Salz mischen.

4. Die Sardinen aufklappen und mit der Hautseite nach unten auf die Arbeitsfläche legen. Die Innenseiten mit der Gewürzmischung bestreuen. Die Petersilienblätter auf 8 Sardinen verteilen. Die übrigen Sardinen mit der Innenseite nach unten darauflegen. Die Sardinen mit jeweils 2 Holzstäbchen zusammenstecken. Dafür 1 Stäbchen quer, von oben nach unten, das andere von unten nach oben einstechen. Die Sardinen von beiden Seiten in Kichererbsenmehl wenden, überschüssiges Mehl abschütteln.

5. Etwas vom restlichen Öl in einer großen Pfanne erhitzen. Die Sardinen in mehreren Portionen in etwas Öl bei mittlerer Hitze etwa 1 Minute pro Seite braten. Anschließend auf einem Kuchengitter abtropfen lassen.

6. Den Salat mit Sprossen belegen. Die Sardinen auf oder neben dem Salat anrichten.

MARINIERTER LACHS
MIT BIMI & FENCHEL-PHYSALIS SALAT

55 MIN.   4 PORTIONEN

ZUTATEN

FÜR DEN MARINIERTEN LACHS

500 G LACHSFILET (KÜCHENFERTIG, MIT HAUT)
1 BIO ZITRONE
1 STÜCK INGWER, CA. 1 CM LANG
1 EL OLIVENÖL
1 EL ALIS VADOUVAN- GEWÜRZ
ANKERKRAUT MEERSALZ, FEIN
ANKERKRAUT GROBER SCHWARZER PFEFFER

FÜR DEN ORANGEN-FENCHEL-SALAT

2 BIO ORANGEN
2 FENCHEL
150 G PHYSALIS
1 EL ZITRONENSAFT
1 EL ORANGENBLÜTENHONIG
2 EL OLIVENÖL

FÜR DEN GEBRATENEN BIMI

400 G BIMI
2 KNOBLAUCHZEHEN
2 SCHALOTTEN
40 G BUTTER
1 EL SOJASOSSE
1 PRISE ZUCKER
1 EL GESCHÄLTER SESAM
1 EL SCHWARZKÜMMEL

AUSSERDEM

1 ZESTENREISSER

1. Den Lachs mit Küchenpapier abtupfen. Eventuell vorhandene Gräten mit einer Pinzette entfernen. Die Zitrone heiß waschen, trocken tupfen und die Schale dünn abreiben.

2. Den Ingwer schälen, fein reiben und mit Zitronenschale und Vadouvan Gewürz mischen. Den Lachs auf der Innenseite erst mit Öl, dann mit dem Gewürz einreiben und mit Salz und Pfeffer bestreuen. Dann ca. 2 Std. zugedeckt im Kühlschrank marinieren.

3. Für den Salat 1 Orange heiß waschen, trocken tupfen und die Schale mit einem Zestenreißer oder einem feinen Hobel abziehen. Beide Orangen so dick schälen, dass auch die weiße Haut entfernt wird. Die Fruchtfilets beider Orangen über einer Schüssel herausschneiden, dabei den Saft auffangen.

4. Den Fenchel waschen, halbieren, den Strunk entfernen und in feine Scheiben schneiden. Fenchelgrün hacken, Physalis von Blättern befreien und die Beeren waschen und halbieren.

5. Orangenschale, Zitronensaft, Orangeblütenhonig, Salz, Pfeffer, Zucker und Olivenöl mit dem aufgefangenen Saft in der Schüssel verrühren. Fenchelscheiben, Orangenfilets und Physalis unterheben und marinieren.

6. Bimi waschen, trocken tupfen und in gleich große Stücke teilen. Bimi in einen Topf mit kochendem Salzwasser geben, 2 – 3 Minuten bissfest kochen, herausnehmen, in Eiswasser abschrecken und in einem Sieb abtropfen lassen.

7. Knoblauch und Schalotten schälen und in feine Würfel schneiden. Die Butter in einer Pfanne erhitzen. Schalotten und Knoblauchwürfel darin anschwitzen. Bimi dazugeben und leicht anbraten, mit Sojasoße und Zucker würzen.

8. Den Lachs in dünne Scheiben schneiden. Den Salat mit Salz, Pfeffer und Zucker abschmecken. Die Lachsscheiben mit gebratenem Bimi und Orangen-Fenchel-Salat anrichten.

GRILL-OKTOPUS
MIT LAUCH UND BOHNENRAGOUT

 60 MIN.   4 PORTIONEN

ZUTATEN

FÜR DEN OKTOPUS

1 BUND SUPPENGRÜN
ANKERKRAUT MEERSALZ, FEIN
1 KNOBLAUCHZEHE
1 TL ANKERKRAUT FENCHELSAMEN
½ TL ANKERKRAUT ROSMARIN
½ TL ANKERKRAUT THYMIAN
1 OKTOPUS (KÜCHENFERTIG, 600 G)
100 G BUTTER
ANKERKAUT GROBER SCHWARZER PFEFFER
1 – 2 EL ZITRONENSAFT

FÜR DAS BOHNENRAGOUT

250 G TK- DICKE BOHNEN
200 G GRÜNE BOHNEN
100 G WEISSE BOHNEN (GEKOCHT)
50 G PINIENKERNE
1 SCHALOTTE
1 – 2 KNOBLAUCHZEHEN
3 – 4 EL OLIVENÖL
1 EL TOMATENMARK
1 EL ANKERKRAUT ALIS LEVANTE GEWÜRZ
200 ML GEMÜSEFOND
30 G BUTTER
1 TL ZITRONENSAFT
ZUCKER

FÜR DEN LAUCH

4 DÜNNE STANGEN LAUCH
1 EL RAPSÖL
20 G BUTTER

1. Für den Oktopus das Suppengrün putzen, waschen, klein schneiden und mit 5 Liter Wasser in einem großen Topf aufkochen und salzen. Den Knoblauch schälen, halbieren und hinzufügen. Fenchel, Rosmarin und Thymian dazugeben. Den Oktopus in den Topf geben und bei niedriger Hitze in etwa 90 Minuten im offenen Topf gar ziehen lassen. Den Oktopus aus dem Sud nehmen und abkühlen lassen.

2. Für das Bohnenragout die dicken Bohnen in kochendes Salzwasser geben und aufkochen. Anschließend in kaltem Wasser abschrecken, abtropfen lassen und die grünen Kerne aus den Hülsen lösen. Die grünen Bohnen putzen, waschen und in 2 cm lange Stücke schneiden. Die Bohnenstücke ebenfalls in kochendem Salzwasser kurz blanchieren und in kaltem Wasser abschrecken. Die weißen Bohnen in einem Sieb abspülen und abtropfen lassen. Die Pinienkerne in einer Pfanne goldbraun rösten und auf einem Teller abkühlen lassen.

3. Schalotte und Knoblauch schälen und in kleine Würfel schneiden. 3 Esslöffel Olivenöl in einer Sauteuse erhitzen. Schalotten- und Knoblauchwürfel darin 3 Minuten anschwitzen. Weiße und grüne Bohnen und die Bohnenkerne dazugeben und kurz andünsten. Tomatenmark und Alis Levante Gewürz unterrühren und kurz anschwitzen. Den Gemüsefond angießen, aufkochen lassen und die Butter dazugeben. Den Fond sämig einkochen lassen. Das Ragout mit Zitronensaft, restlichem Olivenöl, Salz, Zucker und Pfeffer abschmecken und warmhalten. Kurz vor dem Servieren die Pinienkerne unterheben.

4. Den Lauch putzen, waschen und in Ringe schneiden. Das Öl in einer Pfanne erhitzen. Den Lauch darin goldbraun anbraten und mit Salz und Pfeffer würzen.

5. Den Oktopus in große Stücke teilen. Die Butter in einer Pfanne schmelzen. Die Oktopusstücke darin 1 – 2 Minuten anbraten und mit Salz, Pfeffer und Zitronensaft abschmecken. Den Oktopus mit dem Lauch und dem Bohnenragout anrichten.

DORADENFILET
MIT STEINCHAMPIGNONS & ZITRONENRELISH

45 MIN.   4 PORTIONEN

ZUTATEN

500 G STEINCHAMPIGNONS
2 SCHALOTTEN
2 KNOBLAUCHZEHEN
4 STÄNGEL GLATTE PETERSILIE
4 GROSSE BIO ZITRONEN
100 G ZUCKER
100 G KALTE BUTTER, IN STÜCKEN
6 EL RAPSÖL
1 TL ALIS LEVANTE GEWÜRZ
ANKERKRAUT MEERSALZ, FEIN
ANKERKRAUT GROBER SCHWARZER PFEFFER
2 – 3 TL ZITRONENSAFT
4 DORADENFILETS (JE 150 G, KÜCHENFERTIG, MIT HAUT)
30 G BUTTER

1. Die Champignons putzen und vierteln. Schalotten und Knoblauch schälen und in feine Würfel schneiden. Petersilie waschen, trocken schütteln, in kleine Zweige zupfen und hacken.

2. Zitronen heiß waschen, trocken tupfen und die Schale mit einem feinen Hobel abziehen. Danach die Zitrone so dick schälen, dass auch die weiße Haut entfernt wird. Die Fruchtfilets über einer Sauteuse herausschneiden, dabei den Saft auffangen.

3. Aufgefangenen Zitronensaft, Zucker, Zitronenschale und –filets, in der Sauteuse verrühren und um ein Drittel einkochen lassen. Die Sauteuse vom Herd nehmen und die kalte Butter (100 g) einrühren. Danach nicht mehr kochen lassen.

4. 3 Esslöffel Rapsöl in einer großen Pfanne erhitzen. Die Pilze darin anbraten. Schalotten und Knoblauch dazugeben und darin 5 Minuten schwenken. Mit Alis Levante Gewürz und gehackter Petersilie würzen. Mit Salz, Pfeffer und einem Spritzer Zitronensaft abschmecken. Warmhalten.

5. Doradenfilets auf der Hautseite dreimal, schräg etwa 2 mm tief einschneiden. Die Filets von beiden Seiten leicht salzen. Eine Pfanne mit restlichem Rapsöl erhitzen. Doradenfilets mit der Hautseite nach unten in das Öl legen und 2 Minuten scharf anbraten. Dann die Hitze reduzieren. Die Filets wenden, wenn sie zu 2/3 durchgebraten sind. Die restliche Butter (20 g) dazugeben und mit etwas Zitronensaft würzen.

6. Die Doradenfilets mit den Champignons und dem Zitronenrelish anrichten.

GAMBA IN DER ARTISCHOCKE
MIT ERBSEN & PISTAZIEN PESTO

45 MIN.   4 PORTIONEN

ZUTATEN

FÜR DIE GEFÜLLTEN ARTISCHOCKEN

5 EL ZITRONENSAFT

4 GROSSE ARTISCHOCKEN

ANKERKRAUT MEERSALZ, FEIN

1 KNOBLAUCHZEHE

1 ANKERKRAUT LORBEERBLATT

200 G TK- ERBSEN

50 G GETROCKNETE TOMATEN

200 G GAMBAS (GESCHÄLT, OHNE KOPF)

1 BIO ORANGE

1 TL ALIS LEVANTE GEWÜRZ

FÜR DAS PESTO

50 G PARMESAN

30 G PETERSILIE

70 G BASILIKUM

1 KNOBLAUCHZEHE

1 BIO ZITRONE

100 G PISTAZIEN (OHNE SCHALE) GESALZEN UND GERÖSTET

250 ML OLIVENÖL

ANKERKRAUT GROBER SCHWARZER PFEFFER

ANKERKRAUT ROHRZUCKER

1. Für die gefüllten Artischocken den Zitronensaft und 2 Liter kaltes Wasser in eine große Schüssel geben. Artischocken putzen, die Stiele schälen, bis sie hell werden. Die Spitze der Artischocken etwa bis zur Hälfte mit einem Brotmesser gerade abschneiden. Die äußeren harten Blätter der Artischocken großzügig entfernen. Anschließend die Blätter in der Mitte der Artischocke herausziehen und das "Heu" im Inneren mit einem Löffel komplett herausschaben. Es bleibt ein etwa 2 cm hoher Blätterrand an den Artischockenböden stehen. Danach die Artischocken sofort in das Zitronenwasser legen.

2. 500 ml Salzwasser, Knoblauch und Lorbeer in einem Topf aufkochen. Die Artischocken in das Kochwasser geben und zugedeckt bei niedriger Hitze ca. 25 Minuten garen. Die Erbsen auftauen.

3. Für das Pesto den Parmesan reiben. Die Kräuter waschen und trocken tupfen, vom Stiel befreien und klein schneiden. Knoblauch schälen und klein schneiden. Die Zitrone heiß waschen. Die Schale mit einem Zestenreißer abziehen. Die Zitrone halbieren und auspressen. Pistazien, Parmesan, Kräuter, Knoblauch, Zitronensaft- und schale, in einen Standmixer geben und auf mittlerer Stufe mixen. Dabei nach und nach das Olivenöl dazugeben. Solange mixen bis alles fein gehackt ist. Das Pesto mit Salz, Pfeffer und Zucker abschmecken. Den Backofen vorheizen, Ober-/ Unterhitze: 160 °C / Heißluft: 140 °C.

5. Für die Füllung getrocknete Tomaten in feine Würfel schneiden. Gambas waschen, trocken tupfen und in 2 cm große Stücke schneiden. Die Orange heiß waschen, trocken tupfen und etwa ¼ der Schale fein reiben. Erbsen, Tomaten und Gambastücke mit 4 Esslöffel Pistazien Pesto vermengen und mit Levante Gewürz, Orangenschale und Salz abschmecken. Die Masse in die ausgehöhlten Artischocken geben.

LANDESKÜCHEN

LEVANTE KÜCHE

–SONNIG MEDITERRAN–

Der Begriff Levante findet seinen Ursprung im Italie-nischen und bedeutet übersetzt „Sonnenaufgang". Gleichgesetzt mit den Begriffen Morgenland und Orient beschreibt Levante geographisch einen Bereich, der sich über den östlichen Mittelmeerraum erstreckt: Syrien, Libanon, Jordanien, Israel und Palästina. Die traditionelle Levante Küche zeichnet sich durch ihre Vielfältigkeit aus, die arabisch, afrikanisch und jüdisch geprägt ist. Hier kommen besonders Vegetarier und Veganer auf ihre Koste, denn Bulgur, Humus, Tahini und Taboulé stehen hier ganz hoch im Kurs! An der Kräuter-front kommen besonders Kardamom, Koriander, Kurkuma, Cumin, Sumach und Piment zum Einsatz.

TÜRKISCHE KÜCHE

–AUF DER HAND–

Schnell einen Kebab auf die Hand? Die Interpretation von Genuss, unterwegs Speisen zu genießen, geht weit in der Geschichte auf die Kochtradition der nomadischen Turkvölker zurück. Für ihre kräftezehrenden Wanderungen brauchten sie schnell Kraft, am besten direkt auf die Hand. Jeder konnte sich seine Mahlzeit so zusammenstellen wie er möchte, was in der türkischen Küche auch heute noch so durchgesetzt wird. Die zahlreichen fantasievollen Vorspei-sen, die auf kleinen Tellern serviert werden (Mezze), die regional recht unterschiedlich zubereiteten Kebabs und die Verwendung von Joghurt, entweder gesalzen und als Ge-tränk gereicht (Ayran) oder als Saucen und Dips zu Gemüse und Fleisch (Cacik), zeichnen die türkische Küche aus und machen sie so beliebt.

ESSEN AUS ALLER HERREN LÄNDER – DIE ORIENTALISCHE KÜCHE IST VIELFÄLTIG UND BUNT. VON ASIEN ÜBER EUROPA BIS AFRIKA HABEN SICH VÖLLIG UNTERSCHIEDLICHE TRADITIONEN UND REZEPTUREN ENTWICKELT, DIE DIE REGIONALE KULINARIK PRÄGEN. DER ORIENT UMFASST ALS SAMMELBEGRIFF EINE VIELZAHL AN LÄNDERN, DESSEN KÜCHE WIR UNS GENAUER ANSCHAUEN WOLLEN. WAS MACHT SIE AUS? WELCHE GEWÜRZE WERDEN IM SPEZIELLEN VERWENDET UND WORIN UNTERSCHEIDEN SICH DIE ZUBEREITUNGSARTEN?

NORDAFRIKANISCH

–HARISSA, HABIBI–

Zur nordafrikanischen Küche zählen unter anderem Ägypten, Tunesien, Algerien, Marokko und Lybien und hat damit geschmacklich ordentlich was zu bieten. Wer auf scharfes Essen steht, wird hier glücklich! Denn Chili ist hier eine allgegenwärtige Zutat, die unter anderem zusammen mit getrockneten und frischen Kräutern zu der bekannten Harissa Paste angerührt wird. Da die nordafrikanische Küche mohammedanisch geprägt ist, wird kein Schweinefleisch verwendet, dafür Schaf- und Lammfleisch, Fisch und Meeresfrüchte. Typisch sind auch Kichererbsen, Datteln, Mandeln und Oliven, die zusammen mit Fleisch und Gemüse in einem Schmortopf, der Tajine, für teilweise mehrere Stunden gegart werden.

PERSISCHE KÜCHE

–EIN EVENT–

Die Esskultur im Iran ist so vielfältig und bunt wie die Zutaten, mit denen gekocht wird. Farbenprächtig durch die vielen Gewürze und frischen Kräuter überzeugt die persische Küche auch mit ihren ausgefallenen Kombinationen. Besonders dominant sind die verschiedenen Reisgerichte, die nicht nur herzhaft mit Fleisch, frischem Gemüse, Brot und Salaten serviert werden, sondern auch süß mit Aprikosen, Pflaumen und Rosinen. Ein traditionelles persisches Essen ist ein richtiges Event: stundenlange Vorbereitungen, die teilweise Tage in Anspruch nehmen, gehören zu der ausgeprägten Gastfreundschaft der persischen Tradition. Aber nicht nur der Geschmack selbst überzeugt uns nach dem ersten Bissen. Es ist die herausragende Gastfreundschaft, die die Iraner pflegen und die sich durch die persische Küche zieht.

—TIPP—

Dazu passt zum Beispiel ein Dip aus
300 g Sahnejoghurt, verrührt mit
½ Bund gehacktem Koriander, etwas
Ankerkraut Rohrzucker und ½ TL
Ankerkraut Chili-Limetten-Salz.

FISCH KIBBEH

90 MIN.   4 PORTIONEN

ZUTATEN

150 G FEINER BULGUR

1 ZWIEBEL 50 G

1 BIO ORANGE

150 ML OLIVENÖL

ANKERKRAUT MEERSALZ, FEIN

ANKERKRAUT GROBER SCHWARZER PFEFFER

1 – 2 MSP. ANKERKRAUT BIO KURKUMA

400 G FISCHFILET (Z. B. DORADE ODER KABELJAU)

1 MSP. ANKERKRAUT PIMENT

2 ROTE ZWIEBELN (150 G)

4 STÄNGEL KORIANDER

30 G PINIENKERNE

1 MSP. ANKERKRAUT ZIMT, GEMAHLEN

1. Für den Teig den Bulgur mit kaltem Wasser waschen und in einem Sieb abtropfen lassen. Bulgur in eine Schüssel geben, mit 250 ml kochendem Wasser übergießen, umrühren und zugedeckt etwa 20 Minuten quellen lassen.

2. Inzwischen die Zwiebel schälen und in kleine Würfel schneiden. Die Orange heiß waschen, trocken tupfen und 1 Drittel der Schale fein reiben. Die Orange für die Füllung beiseite legen. 1 Esslöffel Olivenöl erhitzen. Die Zwiebelwürfel darin zugedeckt bei niedriger Hitze 10 Minuten dünsten, mit Orangenschale, Salz, Pfeffer und Kurkuma würzen.

3. Das Fischfilet abspülen, trocken tupfen und in kleine Würfel schneiden. Bulgur, Zwiebelwürfel und Fischfilet in einer Schüssel verkneten. Anschließend in mehreren Portionen im Standmixer zu einer feinen Masse pürieren. Die Masse mit Salz, Pfeffer und Piment würzen. Zugedeckt 15 Minuten ruhen lassen.

4. Die roten Zwiebeln für die Füllung schälen und in Streifen schneiden. 2 Esslöffel Öl erhitzen, die Zwiebelstreifen darin 10 Minuten dünsten. Koriander waschen, trocken schütteln, die Blätter abzupfen und in Streifen schneiden. Von der Orange wieder etwas Schale abreiben und mit Pinienkernen, Salz, Koriander und Zimt zu den Zwiebeln geben.

5. Den Bulgurteig in 12 Portionen teilen. Jede Portion zu einer etwa 6 cm langen Elipse formen. Die Elipse in eine Hand nehmen und mit einem Finger der anderen Hand in eine Spitze der Elipse ein tiefes Loch drücken, so dass der Teig eine trichterartige Hülle bildet. 1 Esslöffel der Zwiebelmasse einfüllen. Den Teig über der Füllung wieder zu einer Spitze formen.

6. Restliches Öl erhitzen, die Kibbeh darin in mehreren Portionen rundherum goldbraun braten. Anschließend auf einem Kuchengitter abtropfen und abkühlen lassen.

„HALBES HÄHNCHEN, GANZER GENUSS."

Unser Stefan ist ein
wahrer Optimist.

Kategorie

LAMM, RIND & HÄHNCHEN

FLEISCHSORTEN

LAMM

IM ORIENTALISCHEN RAUM, BESONDERS IN DER ARABISCHEN WELT, IST LAMMFLEISCH DIE AM HÄUFIGSTEN GEGESSENE FLEISCHSORTE. DABEI WERDEN ALLE TEILE DES TIERES VERWERTET, AUCH INNEREIEN, KOPF UND FÜSSE. FÜR DIE MENSCHEN VOR ORT IST ES EINE ECHTE DELIKATESSE UND WIRD ZU BESONDEREN ANLÄSSEN WIE GEBURT, HOCHZEIT UND RELIGIÖSEN FEIERTAGEN AUFGETISCHT. TYPISCHE GERICHTE SIND LAMMEINTOPF IN DER TAJINE, LAMMBÄLLCHEN UND ANAYES, MIT LAMMFLEISCH GEFÜLLTE FLADENBROTE.

TIPPS

• Lammfleisch ist von Natur aus zart, es sollte deswegen nicht zu lange gebraten oder gegrillt werden. Richtwerte sind: Koteletts 2 – 3 Minuten je Seite, Filets 3 – 5 Minuten, Lammlachse und Medaillons 2 – 4 Minuten je Seite

• Für Lamm-Tajine und andere Schmorgerichte eignen sich am besten die saftigen Stücke vom Nacken- und Hals. Hier ist Geduld und Zeit gefordert: Lamm gart bei niedrigen Temperaturen und es kann je nach Größe des Stückes schon mal mehrere Stunden dauern.

HÄHNCHEN

NEBEN LAMM SPIELT GEFLÜGEL, INSBESONDERE HÄHNCHEN EINE GROSSE ROLLE IN DER ORIENTALISCHEN KÜCHE. IN DEN ÄRMEREN VIERTELN JERUSALEMS ENTSTANDEN AUS DER NOT HERAUS KÖSTLICHE GERICHTE MIT HÄHNCHENFLEISCH, DER GÜNSTIGEREN ALTERNATIVE ZU LAMMFLEISCH. ZUSAMMEN MIT FEINEN GEWÜRZEN UND COUSCOUS WIRD DAS GESCHMORTE ODER POCHIERTE HÄHNCHEN SERVIERT UND DURCH DAS LANGE GAREN IM EIGENEN SAFT ERHÄLT MAN BESONDERS ZARTES FLEISCH.

TIPPS

• Verpasse Hähnchenfleisch eine kleine Beautykur mit Joghurt oder Milch – so wird es schön zart und aromatisch. Durch die enthaltene Milchsäure werden die Proteine aufgespalten und das Ergebnis kann sich schmecken lassen!

• Schon mal was von Sish Taouk, dem osmanischen Kebab gehört? Dabei geht's um gegrillte, superzarte Hähnchenspieße mit einer würzigen Marinade, die mit Hummus oder Taboulé serviert werden.

CHARAKTERISTISCH FÜR DIE ORIENTALISCHE KÜCHE IST DIE FARBENPRACHT UND VIELFALT AN VERSCHIEDENEN GESCHMÄCKERN. SO WIRD FLEISCH NICHT NUR MIT GEWÜRZEN UND GEWÜRZMISCHUNGEN WIE RAS EL HANOUT VERARBEITET, SONDERN AUCH HÄUFIG IN KOMBINATION MIT SÜSSEM. IN VIELEN REZEPTEN FINDEN GETROCKNETE DATTEL, APRIKOSEN UND PFLAUMEN IHREN WEG IN DIE KOCHTÖPFE.

ZIEGE

DIE ZIEGE WURDE IM ORIENT SCHON VOR JAHRHUNDERTEN ALS LIEFERANT FÜR MILCH, FLEISCH UND LEDER GENUTZT. DA ES SEHR GENÜGSAME TIERE SIND UND SIE SICH MIT ALLERLEI ESSBAREN PFLANZENTEILEN BE-GNÜGEN, GEHÖREN SIE, ZUSAMMEN MIT DEM SCHAF, ZUR WICHTIGSTEN LEBENSGRUNDLAGE DER NOMADEN. DAS FLEISCH EINES ZIEGENKIT-ZES HAT BESONDEREN STELLENWERT, DENN ES GILT ALS BESONDERS REIN UND HOCHWERTIG – DAS PERFEKTE MAHL FÜR EINEN FESTTAG. EGAL, OB ÜBER OFFENEM FEUER AM SPIESS GEGRILLT ODER ZUSAMMEN MIT APRIKOSEN UND MANDELN IM SCHMORTOPF GEGART.

TIPPS

- Ziegenfleisch erinnert geschmacklich an Rindfleisch, enthält aber weniger Fett. Mit seinem tiefen, erdigen Aroma passt es gut zu kräftigen Gewürzen wie Ingwer, Kardamom und Kreuzkümmel.

- Fleischreste können sehr gut für Aufläufe, Ragouts oder Eintöpfe verwendet werden.

RIND

DA IM ISLAM KEIN SCHWEINEFLEISCH VERZEHRT WIRD, SPIELT RINDFLEISCH EINE ÜBERGEORDNETE ROLLE IN DER ORIENTALISCHEN KÜCHE. TYPISCHE REZEPTE SIND TÜRKISCHE KÖFTE, HACKBÄLL-CHEN UND HACKBRATEN. AUCH SCHMORGERICH-TE MIT RIND IN DER TRADITIONELLEN TAJINE, ZUM BEISPIEL MIT KICHERERBSEN UND GEMÜSE, ERFREUEN SICH GROSSER BELIEBTHEIT. MIT DER MAROKKANISCHEN GEWÜRZMISCHUNG RAS EL HANOUT UND TROCKENOBST WIE PFLAUMEN UND APRIKOSEN ZAUBERT MAN SICH EINEN WUNDER-BAR HERZHAFTEN EINTOPF FÜR KALTE TAGE.

TIPPS

- Das kräftigste Aroma von Rindfleisch bildet sich erst ab dem 18. Lebensmonat aus. Wird es vor Vollendung des 7. Lebensmonats geschlachtet ist die Rede von Kalbsfleisch und ab dem 12. Monat Jungrind.

- Lass das Fett schmelzen: Den Fettgehalt von Rind-fleisch erkennt man an seiner Marmorierung. Je mehr weiße Einschlüsse, Sehen und Bindegewebe das Fleisch aufweist, desto länger brauchen sie zum Zerkochen beim Schmoren.

LAMMRAGOUT
AUS DEM OFEN
MIT KARTOFFELN UND KORINTHEN

30 MIN.   4 PORTIONEN

ZUTATEN

1 KG LAMMSCHULTER

4 EL ZITRONENSAFT

80 ML WEISSWEIN (TROCKEN)

1 EL ALIS VADOUVAN GEWÜRZ

6 KNOBLAUCHZEHEN

2 SCHALOTTEN

1KG KARTOFFELN (VORWIEGEND FESTKOCHEND)

30 G KORINTHEN

3 EL OLIVENÖL

ANKERKRAUT MEERSALZ, FEIN

ANKERKRAUT GROBER SCHWARZER PFEFFER

200 ML GEMÜSEBRÜHE

40 G BUTTER

AUSSERDEM

1 BRÄTER

1. Die Lammschulter abtupfen, von hartem Fett und dicken Sehnen befreien und in 3 cm große Würfel schneiden. Die Fleischwürfel mit Zitronensaft, Weißwein und Alis Vadouvan Gewürz in einer Schüssel vermengen und 20 Minuten marinieren.

2. Inzwischen den Knoblauch und die Schalotten schälen und in kleine Würfel schneiden. Die Kartoffeln schälen, waschen und je nach Größe halbieren oder vierteln, so dass alle Stücke gleich groß sind. Korinthen abspülen und abtropfen lassen.

3. Den Backofen vorheizen, Ober-/ Unterhitze: 170 °C / Heißluft: 150 °C. Einen Bräter mit dem Olivenöl erhitzen. Das Lammfleisch aus der Marinade nehmen, abtropfen lassen und in 2 Portionen im Bräter scharf anbraten.

4. Schalotten- und Knoblauchwürfel in den Bräter geben und anschwitzen. Kartoffeln und Korinthen dazugeben, mit Salz und Pfeffer würzen und mit der Lammmarinade und der Gemüsebrühe ablöschen. Das Fleisch wieder in den Bräter geben. Den Bräter in den vorgeheizten Ofen schieben und das Fleisch 70 – 90 Minuten garen. Kartoffeln und Fleisch während des Garens mehrmals umrühren. Wenn das Fleisch gar ist, die Butter unter das Ragout rühren. Das Ragout mit Salz und Pfeffer abschmecken.

—TIPP—

Dazu passt Couscous mit Safran. Dafür 8 Safranfäden in 2 Esslöffel heißes Wasser geben und 10 Minuten ziehen lassen. Couscous in eine Schüssel geben.
300 ml Wasser aufkochen und zusammen mit dem
Safranwasser in den Couscous rühren. Den Couscous
zugedeckt etwa 5 Minuten quellen lassen. Den
Couscous mit einer Gabel auflockern, 20 g zerlassene
Butter dazugeben und mit Salz abschmecken.

LAMM-TAJINE

30 MIN.   4 - 6 PORTIONEN

ZUTATEN

1 KG LAMMKEULE, OHNE KNOCHEN

170 G ZWIEBELN

1 TL ANKERKRAUT INGWER, GEMAHLEN

1 TL ANKERKRAUT CAYENNEPFEFFER

2 TL ANKERKRAUT BIO KURKUMA

½ TL ANKERKRAUT PIMENT

2 TL ANKERKRAUT ZIMT

4 EL OLIVENÖL

200 G MÖHREN

150 G STAUDENSELLERIE

2 REIFE QUITTEN (500 G, ERSATZWEISE FESTE BIRNEN ODER ÄPFEL)

½ BUND KORIANDER

1 – 2 TL ZITRONENSAFT

ANKERKRAUT MEERSALZ, FEIN

ANKERKRAUT GROBER SCHWARZER PFEFFER

ZUSÄTZLICH

1 GROSSE TAJINE (ETWA 28 CM Ø ODER PFANNE MIT DECKEL)

1. Das Lammfleisch von Sehnen und dicken Fettschichten befreien und in 3 – 4 cm große Würfel schneiden. Die Zwiebeln schälen und in Spalten schneiden. Die Gewürze in einer Schüssel mischen.

2. Das Öl in der Tajine erhitzen. Die Fleischwürfel in mehreren Portionen darin anbraten, mit einer Schaumkelle herausheben und mit den Gewürzen in der Schüssel mischen. Die Zwiebelspalten in der Tajine anschwitzen. Fleischwürfel und 200 ml Wasser dazugeben und etwa 60 Minuten bei niedriger Hitze in der geschlossenen Tajine schmoren.

3. Inzwischen die Möhren waschen, schälen und schräg in ½ cm breite Scheiben schneiden. Staudensellerie putzen, waschen und das Grün beiseite legen. Die Selleriestangen quer in Scheiben schneiden. Quitten waschen, schälen, vierteln und die Kerngehäuse entfernen. Quitten in dünne Spalten schneiden.

4. Quitten und Möhren zum Fleisch geben und 10 Minuten mit schmoren. Staudensellerie dazugeben und 5 Minuten mit schmoren.

5. Inzwischen den Koriander waschen, trocken schütteln und die Blätter abzupfen. Tajine mit Zitronensaft, Salz und Pfeffer abschmecken und mit Korianderblättern und Selleriegrün bestreuen.

HACKFLEISCH-AUFLAUF

35 MIN.   4 PORTIONEN

ZUTATEN

100 G FEINER BULGUR

200 G FRÜHLINGSZWIEBELN

750 G MAGERES LAMMHACKFLEISCH

1 TL ANKERKRAUT GEMAHLENER ZIMT

½ TL ANKERKRAUT GEMAHLENER PIMENT

2 TL ANKERKRAUT MEERSALZ, FEIN

2 TL ANKERKRAUT BIO MEDITERRANES SALZ

1 TL ANKERKRAUT BIO PFEFFER SYMPHONIE

3 ROTE ZWIEBELN

3 EL OLIVENÖL

40 G PINIENKERNE

20 G GLATTE PETERSILIE

AUSSERDEM

1 TARTEFORM (Ø 24 CM)

1. Den Bulgur waschen und in einem Sieb abtropfen lassen. Bulgur in eine Schüssel geben, mit 150 ml kochendem Wasser übergießen und zugedeckt etwa 10 Minuten quellen lassen.

2. Inzwischen den Backofen vorheizen, Ober-/ Unterhitze: 180 °C / Heißluft: 160 °C. 2 Frühlingszwiebeln putzen, waschen und in sehr feine Ringe schneiden. Bulgur, Hackfleisch, Gewürze und Frühlingszwiebelringe etwa 3 Minuten kneten. Den Hackfleischteig mit den Gewürzen abschmecken. Die Tarteform mit Öl ausstreichen. Den Fleischteig einfüllen, andrücken, mit etwas Öl bestreichen und im vorgeheizten Backofen etwa 15 Minuten backen.

3. In der Zwischenzeit die roten Zwiebeln schälen und in Ringe schneiden. Restliche Frühlingszwiebeln putzen, waschen, erst längs, dann quer durchschneiden. Restliches Öl in einer Pfanne erhitzen. Die Pinienkerne darin goldbraun rösten, mit einer Schaumkelle herausheben und auf einen Teller geben.

4. Die Zwiebelringe und die vorbereiteten Frühlingszwiebeln im Bratfett bei mittlerer Hitze 5 Minuten goldbraun braten und mit Zucker und Salz bestreuen. Die Pinienkerne unterheben. Die Zwiebelmasse auf dem Hackfleisch verteilen und bei gleicher Temperatur weitere 10 Minuten backen.

5. Die Petersilie waschen, trocken schütteln und in breite Streifen schneiden und vor dem Servieren auf den Hackfleischauflauf streuen.

MILCHLAMM-SCHULTER

MIT OLIVEN UND TROPEA ZWIEBELN

30 MIN.   4 - 6 PORTIONEN

ZUTATEN

8 TROPEA ZWIEBELN

4 TOMATEN

80 G GRÜNE OLIVEN (ENTSTEINT)

2 KNOBLAUCHZEHEN

2 MILCHLAMMSCHULTERN MIT KNOCHEN, JE 700 G

ANKERKRAUT MEERSALZ, FEIN

ANKERKRAUT GROBER SCHWARZER PFEFFER

2 EL ALIS LEVANTE GEWÜRZ

3 – 4 EL OLIVENÖL

1 ANKERKRAUT LORBEERBLATT

250 ML TROCKENER WEISSWEIN

250 ML KALBSFOND

AUSSERDEM

1 GROSSER BRÄTER MIT DECKEL

1. Den Backofen vorheizen, Ober-/Unterhitze: 140 °C, Heißluft: 120 °C.

2. Von den Zwiebeln jeweils die äußere Haut abziehen. Jede Zwiebel bis zum Wurzelansatz 6 mal tief ein-, jedoch nicht durchschneiden, damit die Zwiebeln nicht auseinanderfallen. Die Tomaten waschen, vierteln, dabei jeweils den Stielansatz entfernen. Grüne Oliven halbieren. Den Knoblauch schälen. Das Fleisch mit Küchenpapier abtupfen, salzen, pfeffern und mit Alis Levante Gewürz einreiben. .

3. Einen Bräter erhitzen. Das Öl in den Bräter geben und die Lammschultern darin bei mittlerer Hitze 6 – 7 Minuten rundherum anbraten. Das Fleisch herausnehmen. Zwiebeln, Knoblauch und grüne Oliven in den Bräter geben, unter Rühren 2 Minuten anbraten und mit dem Wein ablöschen. Die Lammschultern und das Lorbeerblatt in den Wein legen und im vorgeheizten Ofen auf der mittleren Einschubleiste 45 Minuten zugedeckt schmoren.

4. Das Fleisch wenden und die Hälfte des Kalbsfonds dazugeben. Die Lammschultern 30 Minuten offen weiterschmoren lassen. Dabei immer wieder mit dem Fond übergießen. Die Lammschultern aus dem Bräter nehmen und vom Knochen schneiden. Das Fleisch mit Oliven, Tropea Zwiebeln, Tomaten und dem Bratensaft auf vorgewärmte Teller verteilen.

GEFÜLLTE POULARDE

50 MIN.   4 PORTIONEN

ZUTATEN

2 ZWIEBELN

1 APFEL, 200 G

50 G GETROCKNETE APRIKOSEN

50 G GETROCKNETE PFLAUMEN

100 G GESCHÄLTE MANDELN

2 EL OLIVENÖL

1 TL ANKERKRAUT FENCHEL

1 TL ANKERKRAUT KORIANDER SAAT

1 TL ANKERKRAUT GETROCKNETER THYMIAN

ANKERKRAUT MEERSALZ, FEIN

½ TL ANKERKRAUT, GEMAHLENER PIMENT

1 POULARDE, 1,5 KG

220 G BASMATIREIS

20 G BUTTER

½ TL ANKERKRAUT KURKUMA

12 ANKERKRAUT SAFRANFÄDEN

2 EL GRANATAPFELSAFTKONZENTRAT (TÜRKISCHER LEBENSMITTELHANDEL)

AUSSERDEM

MEHRERE KLEINE HOLZSTÄBCHEN (ZAHNSTOCHER)

1. Für die Füllung die Zwiebeln schälen und in Spalten schneiden. Den Apfel waschen, vierteln, das Gehäuse entfernen und in Würfel, Aprikosen und Pflaumen in Streifen schneiden.

2. Öl in einem Topf erhitzen. Zwiebelspalten darin andünsten. Fenchel- und Koriander im Mörser grob zerstoßen. Thymian, Apfel, Trockenobst und Mandeln dazugeben und bei mittlerer Hitze 5 Minuten dünsten. Mit Salz und Piment abschmecken und etwas abkühlen lassen.

3. Den Ofen vorheizen, Ober-/ Unterhitze: 180 °C / Heißluft: 160 °C. Die Poularde innen und außen gründlich waschen, trocken tupfen und füllen. Bauch- und Halsöffnung der Poularde mit kleinen Holzstäbchen schließen, mit Salz einreiben und in eine Auflaufform legen. Den Boden der Form 2 cm mit Wasser bedecken. Die Poularde etwa 45 Minuten im Ofen garen. Zwischendurch mit der Flüssigkeit aus der Auflaufform begießen.

4. Den Reis waschen und abtropfen lassen. 20 Minuten vor Ende der Garzeit die Butter in einem Topf schmelzen. Kurkuma und Safran andünsten. Reis dazugeben und andünsten. Ca. 330 ml Wasser dazugeben, aufkochen und bei niedriger Hitze etwa 15 Minuten zugedeckt dünsten. Mit Salz abschmecken.

5. Nach Ende der Garzeit die Poularde aus dem Ofen nehmen. Die Ofentemperatur auf Ober-/ Unterhitze: 200 °C / Heißluft: 180 °C erhöhen, den Bratsud in einen Topf abgießen. Die Poularde noch etwa 10 Minuten bräunen.

6. Den Bratsud auf 150 ml einkochen und mit Granatapfelkonzentrat abschmecken. Die Poularde mit dem Reis auf einer Platte anrichten, den Reis mit Sud beträufeln.

ROSA REHRÜCKEN

MIT ROTER BETE, MAULBEEREN & HASELNÜSSEN

50 MIN.   **4 PORTIONEN**

ZUTATEN

1 BIO ORANGE

4 ROTE BETE (1 KG)

3 EL OLIVENÖL

1 EL ROHRZUCKER

2 EL DUNKLER BALSAMESSIG

2 EL SOJASAUCE

2 EL IN HEISSEM WASSER EINGELEGTE MAULBEEREN

100 G HASELNÜSSE (GESCHÄLT)

60 G BUTTER

800 G REHRÜCKEN (KÜCHENFERTIG, OHNE KNOCHEN)

1 EL ALIS PAGEOU GEWÜRZ

ANKERKRAUT MEERSALZ, FEIN

1 ZWEIG THYMIAN

1 ZWEIG- ROSMARIN

1 BIO ORANGE

200 ML WILD FOND (A. D. GLAS)

1 KNOBLAUCHZEHE

4 ANKERKRAUT WACHOLDERBEEREN

40 G KALTE BUTTER

AUSSERDEM

1 FLACHE AUFLAUFFORM

ALUFOLIE

1. Den Backofen vorheizen, Ober-/ Unterhitze: 180 °C, Heißluft: 160 °C . Die Orange heiß abwaschen, trocken tupfen und 1/8 der Schale mit einem Zestenreißer abziehen und für die Sauce beiseite legen. Die Orange halbieren und auspressen. Rote Bete schälen, halbieren und in dünne Spalten schneiden.

2. 1 EL Olivenöl, 3 EL Orangensaft, Rohrzucker, Balsamessig und Sojasauce in einer Auflaufform verrühren und die rote Bete darin schwenken. In der Form im vorgeheizten Backofen etwa 30 Minuten schmoren, gelegentlich wenden. Maulbeeren, Haselnüsse und Butter in die Form geben und 20 Minuten schmoren. Die Form aus dem Ofen nehmen, rote Bete warmhalten.

3. Die Backofentemperatur auf Ober-/ Unterhitze: 150 °C, Heißluft: 130 °C reduzieren. Das Ofengitter auf die mittlere, das Abtropfblech auf der darunter liegenden Schiene in den Backofen schieben.

4. Restliches Öl in einer Pfanne erhitzen. Rehrücken mit Alis Pageou Gewürz und Salz einreiben und in der Pfanne bei mittlerer Hitze rundherum anbraten. Das Fleisch aus der Pfanne nehmen, auf das Ofengitter legen und ca. 15 Min. im Ofen rosa ziehen lassen.

5. Wild Fond in die Pfanne geben und aufkochen. Thymian, Rosmarin, Wacholderbeeren, Knoblauch und Orangenzesten dazugeben und 5 Minuten bei niedriger Hitze ziehen lassen. Den Fond durch ein Sieb in einen vorgewärmten Topf geben. 40g Butter in mehreren Stücken mit einem Schneebesen in den Fond einarbeiten. Die Sauce nicht mehr kochen lassen.

6. Das Fleisch aufschneiden und mit der Sauce, roten Bete, Maulbeeren und Haselnüssen anrichten.

GEGRILLTE LAMMKOTELETTS

MIT LINSENPÜREE & PFIRSICH

45 MIN.   4 PORTIONEN

ZUTATEN

2 ZWIEBELN

2 KNOBLAUCHZEHEN

½ SELLERIEKNOLLE (200 G)

250 G ROTE LINSEN

6 EL OLIVENÖL

50 G TOMATENMARK

750 ML BRÜHE

100 G PARMESAN

1 – 2 EL ZITRONENSAFT

ANKERKRAUT MEERSALZ, FEIN

3 ZUCCHINI

ANKERKRAUT GROBER SCHWARZER PFEFFER

2 PFIRSICHE

2 ZWEIGE ROSMARIN

2 EL FLÜSSIGER HONIG

8 LAMMKOTTELETS (JE 80 G, KÜCHENFERTIG)

1 EL ALIS LEVANTE GEWÜRZ

1. Den Grill vorheizen. Zwiebeln und Knoblauch schälen und in kleine Würfel schneiden. Sellerie schälen, waschen und in kleine Würfel schneiden. Linsen waschen und in einem Sieb abtropfen lassen.

2. 2 Esslöffel Öl in einem Topf erhitzen. Zwiebeln, Knoblauch und Sellerie darin anschwitzen. Linsen dazugeben und kurz anschwitzen. Tomatenmark unterrühren und mit 750 ml Brühe auffüllen. Die Linsen etwa 15 Minuten köcheln lassen, bis sie weich sind und die Flüssigkeit verdampft ist. Das Linsengemüse in einem Standmixer fein pürieren. Parmesan reiben, zum Linsenpüree geben und zu einer glatten Masse pürieren. Mit Salz und 1-2 Esslöffel Zitronensaft abschmecken.

3. Die Zucchini waschen und der Länge nach vierteln. Die Innenseite der Viertel flach schneiden, dabei die Kerne entfernen. Die Zucchini in 4 cm lange Rauten schneiden und mit 2 EL Olivenöl und Salz mischen.

4. Die Zucchinirauten auf dem vorgeheizten Grill jeweils 2 Minuten von beiden Seiten grillen, vom Grill nehmen und mit Zitronensaft und Pfeffer nachwürzen.

5. Die Pfirsiche auf der Unterseite kreuzweise einritzen, mit kochendem Wasser übergießen und die Haut abziehen. Pfirsiche halbieren und den Stein entfernen. Rosmarin waschen, trocken schütteln, die Nadeln abzupfen und mit dem Honig verrühren. Den Grill dünn mit dem restlichen Öl bestreichen. Pfirsichhälften jeweils 4 Minuten von beiden Seiten grillen. Die Schnittseiten mit Rosmarin-Honig bestreichen.

6. Die Lammkoteletts mit Salz und Alis Levante Gewürz bestreuen und jeweils für 3 Minuten von beiden Seiten grillen. Die Koteletts mit Zucchinirauten, Pfirsichhälften und Linsenpüree anrichten.

TROCKENFRÜCHTE

PFLAUMEN

Echte Allrounder, diese frechen Pfläumchen. Getrocknete Pflaumen verfeinern herzhafte Fleischgerichte, würzig pikante Chutneys und auch Müslis. Trockenpflaumen kommen mit ihrem süßen Aroma besonders gut in Schmorgerichten zur Geltung. Hier ist eine traditionelle Tajine Pflicht!

ROSINEN

Wir wollen ja keine Rosinenpickerei betreiben, aber der Begriff Rosine ist sowohl der Überbegriff für Sultaninen, Korinthen und Zibeben, als auch eine eigene Sorte. Auch wenn sich bei Rosinen die Geister scheiden (die Einen lieben sie, Andere verteufeln sie), wird in der orientalischen Küche oft und gern auf die kleinen dunklen Trauben zurückgegriffen.

DATTELN

Mit mehr als 1.500 Sorten weltweit ist die Dattel das weitverbreitetste Trockenobst. Hierzulande finden wir vor allem die Sorte Deglet Nours und die Medjool Dattel vor, die sich getrocknet länger als ein Jahr hält. Im Herbst können wir sie auch frisch auf demMarkt ergattern – hier heißt es schnell sein!

WENN ES UM DIE TRADITIONELLE ORIENTALISCHE KÜCHE GEHT, KOMMT MAN AN TROCKEN-
FRÜCHTEN NICHT VORBEI. ALS FESTER BESTANDTEIL IM SPEISEPLAN ISST MAN SIE DORT
NICHT NUR ALS SÜSSEN ENERGIEBRINGER, SIE FINDEN AUCH VERWENDUNG IN REISGE-
RICHTEN, SAUCEN, DESSERTS UND SOGAR GETRÄNKEN. NEBEN DER LÄNGEREN HALTBARKEIT
IST DIE INTENSIVIERUNG DES GESCHMACKS EIN WEITERER PUNKT AUF DEM BELIEBTHEITS-
KONTO DES DÖRROBSTES. WIR STELLEN EUCH DIE FÜNF BELIEBTESTEN SORTEN VOR.

APRIKOSEN

Kleiner Expertentipp für dich: achte
beim Kauf der Aprikosen unbedingt
auf ihre Färbung. Sie verrät viel über
die Qualität, denn eine gelb-oran-
gene Farbe weist darauf hin, dass
die Früchte geschwefelt wurden.
Eine braune Färbung ist ein Indiz
für eine schonende und natürliche
Trocknung.

FEIGEN

Augen auf beim Feigen-Kauf.
Normalerweise trocknen Feigen am
Baum, bis sie verzehrfertig geerntet
werden. Oft werden sie aber schon
vorher gepflückt, was mit Einbu-
ßen in der Qualität bezahlt wird.
Mit ihrer weich saftigen Konsistenz
erinnert die Feige uns an Karamell
und schmeckt intensiv, süß und fast
ein bisschen würzig.

ZUCCHINI
MIT TOMATEN-FETA-FÜLLUNG

40 MIN.   4 PORTIONEN

ZUTATEN

4 GROSSE ZUCCHINI (JE 250 G)

2 TROPEA ZWIEBELN

1 KNOBLAUCHZEHE

2 FLEISCHTOMATEN

50 G SCHWARZE OLIVEN (ENTSTEINT)

3 EL OLIVENÖL

200 G ZIEGENFETA

1 EL ALIS LEVANTE GEWÜRZ

ANKERKRAUT MEERSALZ, FEIN

8 SCHEIBEN PASTIRMA (GEDÖRRTES RINDFLEISCH)

3 STIELE BASILIKUM

AUSSERDEM

BACKPAPIER

1. Die Zucchini waschen, längs halbieren und mit einem kleinen Löffel aushöhlen, dabei rundherum einen knapp 1 cm breiten Rand stehen lassen. Das Innere der Zucchini klein schneiden und für die Füllung aufheben. Die Zucchini auf ein mit Backpapier belegtes Backblech legen.

2. Zwiebeln und Knoblauch schälen und in feine Würfel schneiden. Die Tomaten an der Unterseite kreuzweise einritzen, mit kochendem Wasser übergießen und in kaltem Wasser abschrecken. Die Tomaten mit einem kleinen Messer häuten und den Stielansatz keilförmig herausschneiden. Tomaten vierteln und entkernen. Die Viertel in kleine Würfel schneiden. Oliven in Scheiben schneiden.

3. 2 Esslöffel Öl in einer Pfanne erhitzen. Zwiebeln und Knoblauch darin glasig dünsten. Zucchini-Inneres dazugeben und anschwitzen, anschließend in einer Schüssel auskühlen lassen. Den Backofen vorheizen, Ober-/Unterhitze: 200 °C, Heißluft 180°C.

4. Feta trocken tupfen und in Würfel schneiden. Tomaten, Oliven und Feta in die Schüssel geben. Die Füllung mit Alis Levante Gewürz und Salz abschmecken. Die Masse in die Zucchini füllen und etwa 20 Minuten im vorgeheizten Backofen backen.

5. Basilikum waschen, trocken schütteln und die Blätter abzupfen. Restliches Öl in einer Pfanne erhitzen. Pastirma darin anbraten, anschließend auf Küchenpapier kurz abtropfen lassen. Pastirma in Ecken schneiden und im Wechsel mit den Basilikumblättern auf die Zucchini legen.

GRILL-HÄHNCHEN
MIT BBQ-HOLLANDAISE

30 MIN.   4 PORTIONEN

ZUTATEN

1 KÜCHENFERTIGES HÄHNCHEN (CA. 1,2 KG)

2 EL RAPSÖL

2 EL ALIS PAGEOU GEWÜRZ

1 – 2 EL ZITRONENSAFT

1 EL ANKERKRAUT MEERSALZ, FEIN

3 STÄNGEL ESTRAGON

2 SCHALOTTEN

1 EL WEISSWEINESSIG

100 ML TROCKENER WEISSWEIN

5 PFEFFERKÖRNER (ANKERKRAUT BUNTER PFEFFER)

1 BIO ORANGE

4 EIGELB

120 G FLÜSSIGE ODER GEKLÄRTE BUTTER

1 EL BBQ SAUCE

1 TL ALIS KEBAB GEWÜRZ

ANKERKRAUT CAYENNE

ANKERKRAUT ROHRZUCKER

1. Das Hähnchen von innen und außen waschen und trocken tupfen. Für die Marinade, Öl, Pageou und Kebab Gewürz, 1 Esslöffel Zitronensaft und Salz verrühren. Das Hähnchen damit von innen und außen einreiben.

2. Den Backofen vorheizen, Ober-/ Unterhitze: 180 °C / Heißluft: 160 °C. Eine ofenfeste Schale 3 cm hoch mit Wasser füllen und auf den Boden des Ofens platzieren. Das Hähnchen auf einem Gitter mittig in den Ofen schieben und etwa 35 Minuten braten. Eine Saftpfanne statt einer Schale verwenden, damit die Marinade nicht auf den Backofenboden tropft.

3. Inzwischen den Estragon waschen und trocken schütteln. Die Schalotten schälen, fein würfeln und mit dem Weißweinessig, dem Weißwein, 2 Stängeln Estragon und den Pfefferkörnern aufkochen. Den Fond auf 6 Esslöffel einkochen lassen. Die Orange heiß waschen, trocken tupfen und ⅛ der Schale fein reiben. Die Orange halbieren und auspressen.

4. Für die Hollandaise den Fond durch ein feines Sieb geben und auffangen. Die Eigelbe mit dem aufgefangenen Fond in eine Metallschüssel geben und über dem heißen Wasserbad schaumig schlagen. Den Topf vom Herd nehmen und nach und nach die flüssige oder geklärte Butter in die Eigelbmasse rühren.

5. Die BBQ Sauce in die Hollandaise rühren. Vom übrigen Estragon die Blätter abzupfen und fein hacken. Die Hollandaise mit gehacktem Estragon, Orangenschale, etwas Orangensaft, restlichem Zitronensaft, Cayenne, Salz und Zucker abschmecken.

6. Den Backofentemperatur auf Ober-/ Unterhitze: 200 °C / Heißluft: 180 °C erhöhen. Das Hähnchen weitere 10 Minuten garen. Das Hähnchen mit der Sauce servieren.

PERLHUHN
MIT CIMA DI RAPA

25 MIN.   4 PORTIONEN

ZUTATEN

600 G CIMA DI RAPA (STÄNGELKOHL)

4 SCHALOTTEN

1 PERLHUHN (CA. 1,2 KG)

ANKERKRAUT MEERSALZ, FEIN

ANKERKRAUT GROBER SCHWARZER PFEFFER

2 EL OLIVENÖL

1 BIO ZITRONE

2 EL TOMATENMARK

125 ML TROCKENER WEISSWEIN

1 EL ALIS LEVANTE GEWÜRZ

2 ANKERKRAUT LORBEERBLÄTTER

100 ML GEFLÜGELFOND

2 SARDELLENFILETS (IN ÖL EINGELEGT)

2 EL KAPERN (IN LAKE)

EVTL. 30 G KALTE BUTTER IN STÜCKEN

1. Cima di rapa unter fließendem kaltem Wasser waschen, trocken schütteln und die großen, dunkelgrünen Blätter entfernen. Die restlichen zarten Blätter von den Stielen zupfen und in 2 – 3 cm breite Streifen schneiden. Die dicken Partien der Stiele in ca. 1 cm breite Stücke, die dünneren in 3 – 4 cm lange Stücke schneiden. Die Brokkoli ähnlichen Köpfe in Röschen schneiden. Schalotten schälen und in feine Würfel schneiden. Den Backofen vorheizen, Ober-/ Unterhitze: 180 °C/ Heißluft: 160 °C.

2. Das Perlhuhn abspülen und trocken tupfen. Brust und Keulen auslösen. Die Bruststücke quer durchschneiden, die Keulen am Gelenk in Ober- und Unterkeule teilen. Die Stücke mit Salz und Pfeffer würzen. Das Öl in einem Bräter erhitzen und die Fleischstücke auf der Hautseite darin anbraten. Die Stücke aus dem Bräter nehmen.

3. Die Schalottenwürfel im Bratfett anschwitzen. Cime di rapa dazugeben und kurz andünsten. Die Perlhuhnstücke wieder in den Bräter legen. Die Zitrone heiß waschen, trocken tupfen und die Hälfte der Schale fein reiben. Die Zitrone halbieren und auspressen. Zitronenschale, 3 Esslöffel Zitronensaft mit Tomatenmark, Weißwein und Alis Levante Gewürz verrühren und in den Bräter geben. Lorbeerblätter in den Sud geben und mit dem Geflügelfond aufgießen. Im vorgeheizten Backofen für 15 Min. schmoren, den Cime die Rapa aus dem Fond nehmen und bis zur weiteren Verwendung bereitstellen.

4. Die Sardellenfilets abspülen, trocken tupfen und fein hacken. Gehackte Sardellen und Kapern in den Fond geben. Das Ganze weitere 20 – 25 Minuten schmoren lassen.

5. Die Perlhuhnstücke aus dem Fond nehmen und zugedeckt warmhalten. Den Fond gegebenenfalls etwas einkochen lassen und die kalte Butter einrühren. (Den Fond nicht mehr kochen lassen.) Die Perlhuhnstücke und Cima di rapa portionsweise anrichten.

„DAS LEBEN IST KURZ, ISS DEN NACHTISCH ZUERST."

*Wir finden,
das stimmt.*

Kategorie

DESSERTS & GETRÄNKE

KIRSCH-KNAFEH

30 MIN.   4 - 6 PORTIONEN

ZUTATEN

120 G BUTTER

300 G TK-SAUERKIRSCHEN

400 G FEINE TEIGFÄDEN (KADAYIF, IM TÜRKISCHEN LEBENSMITTEL-HANDEL)

150 G MOZZARELLA

300 G DOPPELRAHMFRISCHKÄSE

1 TL ANKERKRAUT GEMAHLENER ZIMT

1 TL SPEISESTÄRKE

1 EL ANKERKRAUT ROHRZUCKER

180 G ZUCKER

1-2 EL ZITRONENSAFT

1-2 EL ROSENWASSER

40 G GERÖSTETE, GESALZENE PISTAZIEN

AUSSERDEM

1 QUADRATISCHE AUFLAUFFORM (ETWA 28 X 28 CM)

1. Die Butter schmelzen. Die Kirschen in einem Sieb antauen lassen. Die Teigfäden auf ein Backblech geben, die Butter auf die Teigfäden geben und mit den Händen auseinanderziehen und auflockern. Den Backofen vorheizen Ober-/ Unterhitze: 200 °C / Heißluft: 180 °C.

2. Mozzarella abtropfen lassen und in sehr kleine Stücke zupfen. Frischkäse und Mozzarella mit einem Löffel vermengen. Zimt, Speisestärke und Rohrzucker in einer Schüssel mischen. Die Kirschen darin wälzen.

3. Die Hälfte der Teigfäden in der Auflaufform verteilen. Frischkäsemasse und Kirschen nacheinander darauf verteilen und mit den übrigen Teigfäden bedecken. Das Ganze im vorgeheizten Backofen etwa 25 Minuten backen.

4. Inzwischen den Zucker mit 300 ml Wasser aufkochen und mit Zitronensaft und Rosenwasser abschmecken. Den Sirup abkühlen lassen.

5. Den Auflauf auf ein Kuchengitter stellen. Nach 5 Minuten den Sirup über den heißen Auflauf träufeln. Pistazien aus der Schale lösen, hacken und darauf streuen. Den Auflauf mindestens 1 Stunde durchziehen lassen. Anschließend in kleine Stücke schneiden.

ANKERKRAUT

GESCHMACKSMANUFAKTUR

Zimt

SÜSSER WEIZEN

30 MIN.   4 PORTIONEN

ZUTATEN

200 G GESCHÄLTE WEIZENKÖRNER

1 BIO ORANGE

1 ZIMTSTANGE

50 G PINIENKERNE

80 G GEMISCHTE ROSINEN, SULTANIEN ODER WEINBEEREN

½ GRANATAPFEL

50 G FLÜSSIGER HONIG, Z. B. PINIEN- ODER WALDHONIG

2 EL ORANGENBLÜTENWASSER

2 EL ROSENWASSER

30 G BUTTER

1. Die Weizenkörner waschen, abtropfen lassen, mit 1 Liter Wasser bedecken und mindestens 12 Stunden darin einweichen.

2. Den Weizen abtropfen lassen. Die Orange heiß waschen, trocken tupfen und die Schale mit einem Sparschäler in dünnen Streifen abziehen. Weizen, Orangenschale und Zimtstange in einen Topf geben, mit Wasser bedecken und aufkochen lassen. Anschließend bei niedriger Hitze 30 Minuten zugedeckt köcheln lassen.

3. Inzwischen die Pinienkerne in einer Pfanne rösten und auf einem Teller abkühlen lassen. Rosinen waschen und abtropfen lassen. Den Granatapfel mit der Schnittseite nach unten über eine Schüssel halten, mit einem Kochlöffel auf die Hautseite des Apfels schlagen und so die Kerne "herausklopfen".

4. Rosinen, Honig, Orangenblüten- und Rosenwasser und die Hälfte der gerösteten Pinienkerne unter den Weizen heben. Das Ganze bei niedriger Hitze weitere 15 Minuten zugedeckt köcheln lassen. Die Butter unterrühren. Den Weizen portionsweise mit Granatapfelkernen und restlichen Pinienkernen garniert warm oder kalt servieren.

— TIPP —

*Mit einer bunten Auswahl
an Mezze zu Beginn des Menüs
kann man nichts falsch machen –
und jeder findet etwas!*

MENÜ

VORSPEISE (MEZZE)

HUMMUS VARIATION *(S. 23)*

BABA GANOUSH *(S. 19)*

LIBANESISCHER AUBERGINEN SALAT *(S. 77)*

GEFÜLLTE APRIKOSEN *(S. 25)*

1 – 2 GESCHNITTENE FLADENBROTE *(S. 39)*

KLEINE PORTION GEBRATENE SARDINEN MIT TOMATENSALAT *(S. 83)*

FENCHEL-PHYSALIS SALAT *(S. 85)*

ZWISCHENGERICHT

MUNGOBOHNEN SALAT MIT TAMARINDENBIRNE *(S. 47)*

HAUPTGERICHT

LAMM-TAJINE MIT SAFRAN COUSCOUS *(S. 103)*

NACHSPEISE

KIRSCH KNAFEH *(S. 125)*

KARDAMOM KAFFEE *(S. 133)*

KOKOSEIS
MIT SALZIGEM SESAMKROKANT

25 MIN.   4 PORTIONEN

ZUTATEN

2 BIO LIMETTEN

80 G ZUCKER

50 G GESCHÄLTER SESAM

2 TL ANKERKRAUT MUSCOVADO

½ TL ANKERKRAUT MEERSALZ, GROB

400 ML KOKOSCREME (85 % KOKOSEXTRACT)

2 – 3 EL DATTELSIRUP

TÜRKISCHE ZUCKERWATTE ZUM GARNIEREN

EINIGE GRANATAPFELKERNE ZUM GARNIEREN

AUSSERDEM

EISMASCHINE

1. Die Limetten heiß waschen und trocken tupfen. Die Schale einer Limette fein reiben. Beide Limetten halbieren und auspressen. 50 ml Wasser, 4 Esslöffel Limettensaft, 30 g Zucker und die Limettenschale aufkochen. Den Limettensirup abkühlen lassen.

2. Den Sesam in einer Pfanne ohne Fett goldbraun rösten und auf einem Teller abkühlen lassen. Restlichen Zucker (50 g), Muscovado-Zucker und 2 Esslöffel Wasser in einen Topf geben und braun karamellisieren lassen. Den Topf vom Herd nehmen, den gerösteten Sesam und das Salz mit einem Holzlöffel unter den Karamell rühren. (Vorsicht, sehr heiß. Nicht mit den Händen anfassen.) Ein Holzbrett mit Backpapier belegen. Den heißen Karamell sofort mit dem Holzlöffel darauf verstreichen und abkühlen lassen.

3. Den Limettensirup und die Kokosmilch verrühren und in der Eismaschine zu einer cremigen Masse gefrieren lassen. Etwas Krokant zum Garnieren beiseite legen. Den restlichen Krokant fein hacken und kurz bevor das Eis fertig ist, dazugeben. Das Eis in den Tiefkühler geben oder direkt portionieren.

4. Das Eis mit Dattelsirup, restlichem Krokant, türkischer Zuckerwatte und Granatapfelkernen garnieren.

KARDAMOM KAFFEE

15 MIN.   4 PORTIONEN

ZUTATEN

8 KAPSELN ANKERKRAUT KARDAMOM
5 – 7 TL ANKERKRAUT ROHRZUCKER
8 TL FEIN GEMAHLENER MOKKA-KAFFEE
(ERHÄTLICH IM TÜRKISCHEN LEBENSMITTELHANDEL)

1. Kardamomkapseln an einer Längsseite aufritzen und mit der flachen Seite einer breiten Messerklinge oder im Mörser, leicht zerdrücken.

2. Rohrzucker, Kardamom und Mokka-Kaffee mischen. Etwa 300 ml Wasser in einem kleinen Topf aufkochen. Kaffee-Gewürz-Mischung dazugeben und unter Rühren 1 – 2 Minuten köcheln lassen. Anschließend auf der heißen Platte kurz stehen lassen, bis sich das Kaffeemehl abgesetzt hat.

3. Kaffee vorsichtig in vorgewärmte kleine Tassen füllen und etwas warten, bis sich Kaffeesatz am Tassenboden gebildet hat.

—TIPP—

Für einen Aperitif etwas Aperol oder Campari zum Orangen-Minz-Sprudel geben.

ANKERKRAUT

NANA MINZE

KRÄU

ORANGEN-MINZ-SPRUDEL

 15 MIN.   4 PORTIONEN

ZUTATEN

2 BIO ORANGE

1 BIO ZITRONE

2 EL ANKERKRAUT ROHRZUCKER

2 – 3 EL ANKERKRAUT NANA MINZE KRÄUTERTEE

EINIGE EISWÜRFEL

600 ML MINERALWASSER MIT KOHLENSÄURE

1. Die Orangen und die Zitrone heiß waschen und trocken tupfen. Die halbe Schale einer Orange und ein Viertel der Zitronenschale mit einem Sparschäler so dünn schälen, dass möglichst keine weiße Haut mit abgeschält wird.

2. Rohrzucker, Zitrusschalen und Nana Minze in eine Schüssel geben und mit 500 ml kochendem Wasser übergießen. Die Schüssel zudecken. Den Tee etwa 10 Minuten ziehen lassen. Die Minze waschen und trocken schütteln.

3. Den Tee durch ein Sieb gießen und abkühlen lassen. Inzwischen die ungeschälte Orange in Scheiben schneiden und in 4 große Gläser verteilen. Die geschälten Orangen und Zitrone halbieren und auspressen. Den kalten Tee mit dem Fruchtsaft auffüllen und in die Gläser verteilen. Eiswürfel dazugeben und mit Mineralwasser auffüllen.

ANKERKRAUT
GESCHMACKSMANUFA

Tonka-Zucker
DIE BESONDERE SÜSSE

SÜSSE BROTRINGE
MIT DATTELFÜLLUNG

45 MIN.   8 STÜCK

ZUTATEN

300 G WEIZENMEHL (TYPE 550)
1 MSP. ANKERKRAUT MEERSALZ, FEIN
10 G FRISCHE HEFE
100 G JOGHURT (10 % FETT)
2 TL ANKERKRAUT TONKA ZUCKER
30 G ZIMMERWARME BUTTER
200 G FRISCHE DATTELN
(ERHÄLTLICH IM TÜRKISCHEN LEBENSMITTELHANDEL)
1 BIO ORANGE
1 TL ANKERKRAUT GEMAHLENER ZIMT
1 TL DATTELSIRUP
1 – 2 EL GESCHÄLTER SESAM

AUSSERDEM

1 SPRITZBEUTEL MIT MITTELGROSSER LOCHTÜLLE

1. Für den Teig Mehl und Salz in einer Schüssel mischen. Die Hefe auf das Mehl krümeln. Joghurt, Tonka Zucker, 125 ml Wasser und die Butter dazugeben. Die Zutaten zu einem glatten Teig verkneten. Den Teig zugedeckt etwa 1 Stunde an einem warmen Ort gehen lassen, bis sich das Teigvolumen fast verdoppelt hat.

2. Für die Füllung die Datteln entsteinen, häuten und fein hacken. Die Orange heiß waschen, trockentupfen und ¼ der Schale fein reiben. Die Orange halbieren und auspressen. Geriebene Orangenschale mit Zimt und 2 Esslöffel Orangensaft verrühren und mit Orangensaft abschmecken. Die Masse in einen Spritzbeutel mit mittelgroßer Lochtülle füllen. Ein Backblech mit Backpapier belegen.

3. Den Hefeteig auf der bemehlten Arbeitsfläche in 8 gleichgroße Portionen teilen. Jede Portion Teig zu einem etwa 40 x 4 cm großen Streifen ausrollen. Den Streifen in der Mitte quer durchschneiden. Auf beide Hälften, der Länge nach, jeweils einen Streifen Dattelmasse spritzen. Die Teigränder an den Längsseiten dünn mit Wasser bestreichen und über der Dattelfüllung zusammendrücken. Die gefüllten Stränge zu einem Ring umeinander wickeln und auf das Backblech legen.

4. Aus dem Restteig und der übrigen Füllung 7 weitere Ringe herstellen und auf das Backblech legen. Die Ringe zudecken und mindestens 40 Minuten gehen lassen, bis sie fast doppelt so groß sind.

5. Inzwischen den Backofen vorheizen, Ober-/ Unterhitze: 200 °C / Heißluft: 180 °C. Den Sirup mit 2 Esslöffel heißem Wasser verrühren, auf die Ringe streichen und mit Sesam bestreuen. Die Ringe etwa 20 Minuten goldbraun backen.

TEESTUNDE

WAS HIERZULANDE EIN TÄSSCHEN KAFFEE IST, IST IM ORIENT EIN GLAS TEE. KOMMT EIN GAST ZU BESUCH, WIRD IHM GLEICH TEE ALS ZEICHEN DER GASTFREUND-SCHAFT ANGEBOTEN. DABEI FÄLLT DIE ZUBEREITUNG IN DEN AUFGABENBEREICH DES MANNES IM HAUS, DAS KOCHEN ÜBERNIMMT DIE FRAU. IM ORIENT WIRD TEE TYPISCHERWEISE IN BUNTEN, AUFWENDIG VERZIERTEN GLÄSERN SERVIERT. DAS TEE-RITUAL DRÜCKT NEBEN WÄRME UND HERZLICHKEIT AUCH RUHE UND GE-MÜTLICHKEIT AUS. KLEINER TIPP: WENN DU NICHT UNHÖFLICH WIRKEN MÖCHTEST, SOLLTEST DU DAS ANGEBOT AUF KEINEN FALL ABLEHNEN. DER GASTGEBER KÖNNTE ES ALS BELEIDIGUNG DEUTEN.

Alis Familie hat ihre Wurzeln im türkischen Dorf Pageou. Und zwar nicht nur sprich-wörtlich! Denn die Mutter des Sternekochs pflanzt dort die Nana Minze an, die Alis Kreatio-nen einen authentischen Touch verleiht.

Jedes Jahr besucht sie die Heimat in Ostana-tolien um dort mit liebevoller Hingabe die aromatische Gewürzpflanze anzubauen. Etwa zwei Monate dauert es, bis die würzigen Blätt-chen genügend der warmen, türkischen Sonne getankt und ihr volles Aroma entwickelt haben. Dann ist der Richtige Zeitpunkt für die Ernte von Hand gekommen.

Nach dem die Nana Minze ausgelegt und voll-ständig getrocknet ist, reist Alis Mama zurück nach Deutschland, um ihrem Sohn mit diesem kulinarischen Urlaubsmitbringsel eine Freude zu machen. In den eigenen Restaurants des Kochs wird die Nana Minze dann zur Gänze verarbeitet: In Hauptgerichten, Suppen, Getränken und vielem mehr kommt die besondere Minze zum Einsatz.

Ali selbst beschreibt diese Tradition gerne als Win-Win für alle: Die liebe Mutter genießt ihre Reise in die Heimat, und Ali profitiert von authentischen Zutaten für seine orientalische Küche. They are just mint to be a good team!

THÉ À LA MENTHE

 70 – 80°C   4 – 5 MIN.

Ein Klassiker in Marokko und mehr als nur ein einfacher Minztee! Die Besonderheit liegt hier in der Zubereitung: erst ein paar Löffel Grünen Tee in einem Gefäß mit heißem Wasser aufgießen und anschließend noch mal auf dem Herd aufkochen lassen. Dann eine große Hand voll Minzblätter dazu und am Ende Zucker, um den inzwischen bitteren Grünen Tee zu neutralisieren. Damit das besondere Aroma entstehen kann, wird der Tee ein paar Mal von der Kanne ins Glas und wieder zurück gegossen, bis er schäumt. Je nach Belieben kann der Tee mit Anis, Safran und anderen Gewürzen verfeinert werden.

GEWÜRZTEE

 95°C   6 MIN.

Gewürztee ist besonders im persischen Reich, also im Iran und dem westlichen Asien, sehr verbreitet. In einem Samowar, dem typischen kupfernen Wasserkessel, wird Schwarztee zusammen mit Gewürzen wie Anis, Kardamom, Nelke, Ingwer und Zimt aufgebrüht. Gesüßt wird der Gewürztee beim Trinken selbst, indem man ein Stück Zucker in den Mund nimmt.

FRÜCHTETEE

 95°C   6 MIN.

Sonne satt für Früchte aus dem Orient – und das schmeckt man! Die von der Sonne geküssten Datteln, Papayas, Feigen und Äpfel reifen bis zum Schluss in der heißen Sonne und entfalten so ihr volles Aroma als getrocknete Fruchtstücke im Tee. Ein süßer Morgengruß aus fernen Welten! Die sommerlichen, exotischen Aromen von Früchtetee verzaubern unsere Geschmacksnerven auch auf andere Weise. Wie wäre es mit einem fruchtigen Sorbet an heißen Tagen oder süßem Gelee zum Frühstück?

GEWÜRZREGISTER

REZEPTREGISTER

DANKSAGUNG

Liebe Michaela, Louisa, Andrea, Lisa, Leonie und Michaela,

Monate der intensiven Projektarbeit liegen hinter uns und Ihr habt schon wieder so ein großartiges Buch geschaffen. Wir könnten nicht stolzer sein. Eurer Kreativität ist es zu verdanken, dass wir gemeinsam nun das 5. Ankerkraut Kochbuch erschaffen haben. Danke für den wahnsinnigen Input, die Inspiration, Kreativität und vor allem ganz viel Liebe für dieses Projekt. DAS ist es, was Ankerkraut ausmacht und immer wieder sind wir stolz darauf, was wir gemeinsam geschafft haben. Danke.

Lieber Ali, lieber Tobias. Als wir uns zum ersten Mal getroffen haben war es uns recht schnall klar, dass wir mehr gemeinsam erschaffen wollen als „nur Gewürze". Die Liebe zur Levante Küche verbindet uns und es hat wahnsinnig viel Spaß gemacht, dieses Projekt mit euch gemeinsam auf den Weg zu bringen. Lieber Ali: deine Kreativität ist eine Inspiration und deine Herzlichkeit allgegenwärtig. Danke.

Last but not least danken wir all unseren, mittlerweile knapp 200 tollen Kollegen. Wir kommen aus so vielen unterschiedlichen Ländern, sprechen verschiedene Spachen und dennoch sind wir uns so nahe. IHR seid Ankerkraut, IHR lebt unsere Philosophie, IHR seid das Herz von Ankerkraut. Danke für alles. Wir sind unglaublich stolz auf euch. Danke.

Anne & Stefan

IMPRESSUM

©2021 Ankerkraut GmbH, Hamburg
1. Auflage
Alle Rechte vorbehalten.

Ankerkraut GmbH
Tempowerkring 6
21079 Hamburg

AUTOREN	Anne und Stefan Lemcke
PROJEKTLEITUNG	Louisa Bracht
DESIGN & ART DIRECTION	Michaela Vargas Coronado
TEXT	Lisa-Marie Kubiak
	Leonie Schnieders
FOOD FOTOGRAFIE	Andrea Hufnagel
FOOD STYLING	Florian Balschuh
SET STYLING	Andrea Hufnagel
	Pia Flechtner
PEOPLE FOTOGRAFIE	Michaela Kuhn
REZEPTENTWICKLUNG	Ali Güngörmüş, Anne und Stefan Lemcke
	mit Anke Rabeler und Max Faber
REZEPTÜBERARBEITUNG	Anke Rabeler und Max Faber
LEKTORAT	Wiebke Till
DRUCK	BEISNER DRUCK GmbH & Co. KG
	Müllerstraße 6
	21244 Buchholz in der Nordheide
FOTOLOCATION	Koch Kontor, Hamburg
	Le Marrakech, Hamburg
ISBN	978-3-00-069880-4

www.ankerkraut.de
Bei Fragen und Anregungen
melde dich gerne unter
lotse@ankerkraut.de